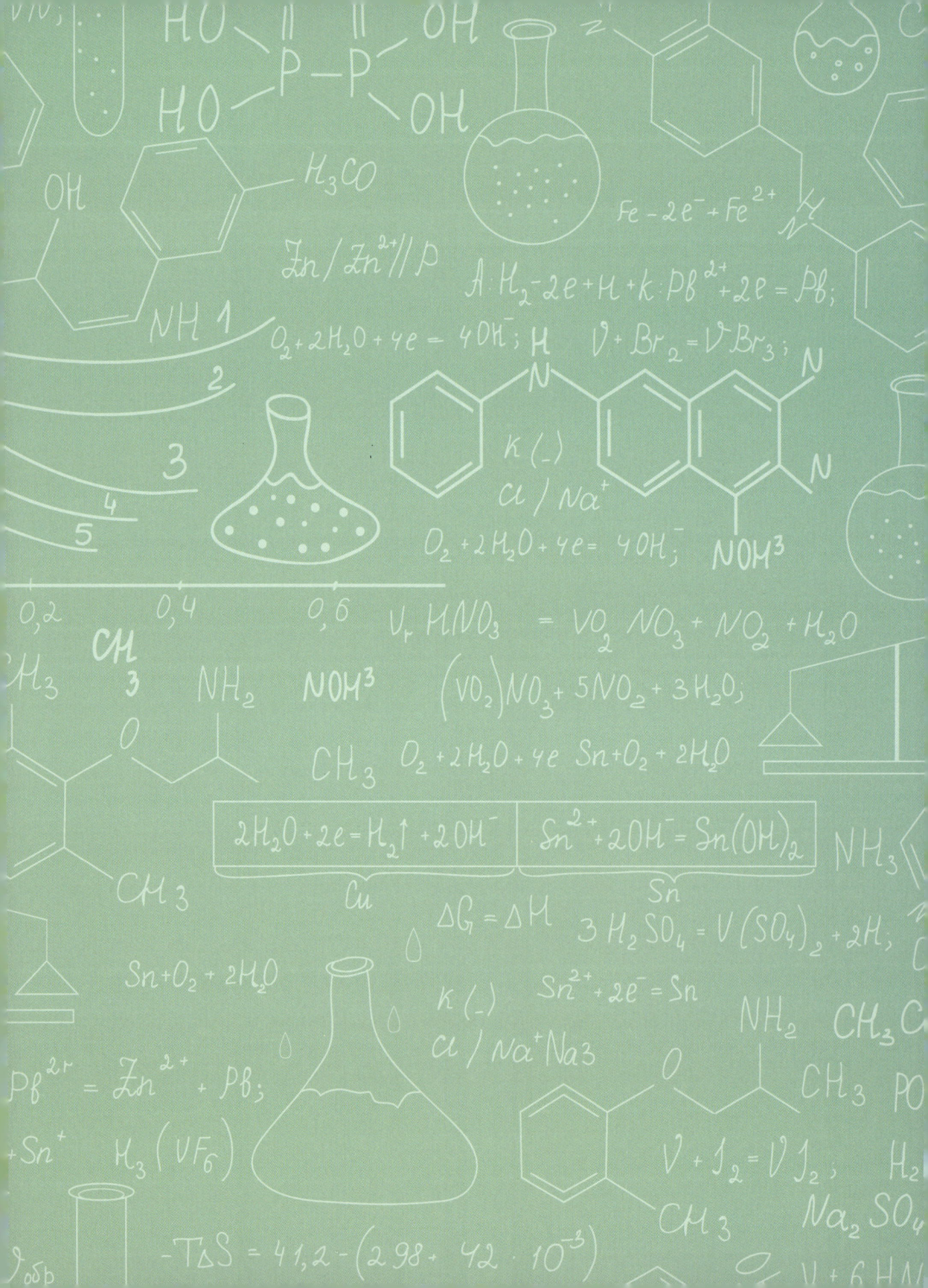

화학으로 옛 그림을 본다면

글 김용희 그림 최유정

한 장 한 장 옛 그림 속으로 떠나는 화학 여행

한 장 한 장 옛 그림 속으로 떠나는 화학 여행

화학으로 옛 그림을 본다면

초판 2쇄 발행 2024년 4월 30일
글 김용희 그림 최유정

기획 및 편집 **책상자** 디자인 윤형선
펴낸곳 **책상자** 펴낸이 윤인숙 출판등록 2019년 6월 10일(제 2019-000105호)
주소 경기도 고양시 덕양구 삼원로 73, 810호(원흥동, 원흥한일윈스타 지식산업센터 전화 070-8657-3202 팩스 050-4183-8848
블로그 http://blog.naver.com/thebookbox 이메일 thebookbox@naver.com 인스타그램 @chaeksangja

© 김용희 · 최유정, 2023
ISBN 979-11-969722-5-7 73430

* 이 책은 저작권법에 따라 보호받는 저작물이므로 무단 복제와 무단 전재를 금지합니다.
* 이 책 내용의 일부 또는 전부를 이용하려면 반드시 저작권자와 책상자의 서면 동의를 받아야 합니다.
* 잘못 제작된 책은 구입하신 서점에서 바꾸어 드립니다.
* 종이에 베이거나 긁히지 않도록 조심하세요. 책 모서리가 날카로우니 던지거나 떨어뜨리지 마세요.

제조국 대한민국 | 제조자 **책상자** | 사용연령 8세 이상

*KCC도담도담 / 한국저작권위원회, 공유마당, OFL
*복숭아틴트, 꼬마나비 / 폰트 저작권자 유토이미지 (UTOIMAGE.COM)
*배찌체 /넥슨, OFL

화학으로 옛 그림을 본다면

글 김용희 그림 최유정

한 장 한 장 옛 그림 속으로 떠나는 화학 여행

책장을 펼치며

화학의 눈으로 옛 그림을 들여다보아요

멋진 풍경을 보거나 마음에 드는 무언가를 보았을 때 사람들은 주로 사진을 찍어요. 여행을 가서도 '사진이 남는 거다.'라고 하면서 많이 찍지요. 그때의 그 모습을 두고두고 보면서 추억하고 싶은 마음에서 나오는 행동이에요. 원시 시대 사람들도 그런 마음이었나 봐요. 사진이 없던 시대에는 그림을 통해서 다양한 모습들을 남겼어요. 동굴 벽에 사냥의 성공을 기원하는 동물 그림이나 무덤 안에 자신들의 신앙을 담은 그림을 남기기도 하지요.

옛 그림은 우리의 선조들이 그린 그림이에요. 사진을 통해 가 본 적이 없는 장소에 대해서도 알 수 있는 것처럼 옛 그림을 보면서 옛 사람들의 생활 모습과 생각, 마음도 알 수 있어요.

미술관이 어색하고 어떻게 그림을 읽어야 할지 모르겠다고요? 그럴 땐 일단 쭉 훑어봐요. 여러 그림들 중에 눈길을 끄는 그림이 있을 거예요. 그 그림의 제목도 읽어 보고, 작가의 설명도 참고해서 그림에 대한 정보를 알면 좀 더 이해가 쉬울 거예요.

조선 시대의 성협이 그린 〈고기굽기〉(72쪽)를 한번 볼까요? 다섯 명의 남자들이 모여서 고기를 구워 먹는 모습이 생생하게 그려져 있어 그림을 보면서 나도 모르게 입맛을 다시게 돼요. 먼저 지글지글 불판에서 익고 있는 고기에 눈길이 가요. 고기는 왜 익으면서 크기가 작아지고 단단해지는 걸까? 벌겋게 달아오른 숯은 어떻게 만드는 걸까? 벙거지처럼 생긴 불판은 숯불의 열이 잘 전달되는 걸까? 고기를 먹은 사람 배 속에서는 어떤 일이 일어날까? 갓 쓴 남자가 마시는 술은 왜 취할까? 그런 생각들이 떠오르지요. 또 다른 그림들에서는 남쪽을 향한 마루에 햇빛이 환하게 비치면 북쪽으로 향한 창문에서 바람이 불어오겠구나, 국을 따뜻하게 먹으려면 열이 오래가는 뚝배기에 끓여야 천천히 식겠구나, 불꽃 축제에서 화려한 불꽃이 터지면 저 노란색은 나트륨 원소겠구나 같은 화학적인 생각도 떠오르고요.

이 책에는 옛 그림을 보면서 떠올린 화학 이야기들이 함께 들어 있어요. 대체 화학이 뭐냐고요? 화학의 화(化)라는 글자는 '되다, 바뀌다, 고쳐지다' 등의 의미를 가지고 있어요. 화학은 물질의 구조와 변화를 원자나 분자 수준에서 연구하는 학문이지요. 물질은 어떤 구조와 성질을 가지고 있는지, 물질이 어떻게 만들어지고 분해되는지, 다른 물질과는 어떻게 반응하는지에 관한 것들이지요. 뭔가 어렵다고요? 이 책을 보면 그리 어렵지 않을 거예요. 화학은 여러분이 숨 쉬고 먹을 때 몸 안에서 일어나는 일이라든가, 머리를 감고 빨래를 할 때 일어나는 변화라든가, 비가 내리고 눈이 오는 원리 같은 그런 일상의 이야기거든요.

이 책을 통해서 옛 그림에 대한 호기심도 갖고 새로운 관점에서 그림을 보는 다양한 시각도 키웠으면 좋겠어요. 옛 그림에서 읽을 수 있는 화학 이야기가 무엇일지 궁금해지나요? 그럼 지금부터 출발해 보아요.

2023년 봄 김명희

차례

책장을 펼치며 _ 화학의 눈으로 옛 그림을 들여다보아요 8

1. 추운 겨울날에도 사냥을 멈출 수는 없어 _ 전 이제현 〈사냥〉 12

2. 무더위가 심하면 계곡 물에 발을 담가 _ 전 이경윤 〈고사탁족도〉 20

3. 5월 5일 단옷날엔 성벽으로 모여라 _ 전 신윤복 〈대쾌도〉 28

4. 열심히 일하고 먹는 점심은 꿀맛 _ 김홍도 〈점심〉 36

5. 책을 읽다 더우면 바람 좀 쐬어 볼까 _ 정선 〈독서여가〉 44

6. 불을 다루는 일은 호흡이 잘 맞아야 해 _ 김득신 〈대장간〉 52

7. 값비싼 금가루로 그린 정교한 산수화 _ 전 이징 〈니금산수도_만학쟁류〉 58

8. 음식 냄새가 풀풀, 사람을 이끄는 곳 _ 신윤복 〈주막〉(주사거배) 66

9. 지글지글, 불판에서 흘러나오는 고소한 소리 _ 성협 〈고기굽기〉 72

10. 빨래는 방망이로 때려야 때가 잘 빠지지 _ 신윤복 〈계변가화〉 78

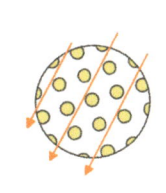
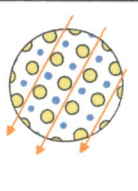
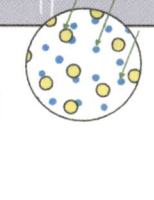

11. 비록 오랑캐라도 배울 건 배우자 _ 심사정 〈북방인의 사냥〉 86

12. 꽃 피는 봄에 나들이를 가자 _ 신윤복 〈연소답청〉 92

13. 오랫동안 수고 많으셨습니다 _ 〈기영회도〉 100

14. 소나무 아래에서 차를 마시면? _ 심사정 〈송하음다〉 106

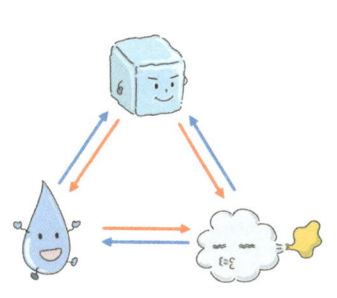

15. 바람 불고 눈 내리는 밤의 여행 _ 최북 〈풍설야귀인〉 114

16. 봄날에 찾아간 산속의 외딴집 _ 이인상 〈산속의 집〉 122

17. 월식이 있는 날에 대동강에서 열린 잔치_ 김홍도 〈월야선유도〉 130

18. 시원한 계곡 옆에서 보낸 즐거운 시간 _ 이인문 〈누각아집도〉 136

19. 세차게 쏟아지는 비 오는 날의 풍경 _ 조영석 〈하경산수도〉 144

20. 종이가 없다면 파초에 글씨를 써 _ 장승업 〈파초와 신선〉 152

이 책에 나오는 화학 용어   162

1

추운 겨울날에도 사냥을 멈출 수는 없어!

사냥
전 이제현, 고려 14세기, 비단에 채색, 국립중앙박물관

"푸르르, 푸륵."

하얀 말과 검은 말을 탄 두 사람은 앞서가고, 언덕 위에는 말을 탄 세 사람이 있네. 이 그림은 말을 타고 강을 건너는 그림이라 〈기마도강도〉라고도 해. 사람들은 말을 타고 사냥을 가는 중이야. 소매가 좁은 긴 저고리에 벙거지를 쓰고 있어. 벙거지 아래로는 변발한 머리가 살짝 보여. 옷차림이 좀 낯설지?

이 그림은 고려의 화가이자 재상인 이제현이 그린 것으로 추정하고 있어. 14세기면 고려 말로, 몽골족이 세운 원나라의 지배를 받고 있을 때야. 그래서 몽골풍의 머리 모양을 하고 옷차림을 한 사람이 등장한 듯해. 그런데 뭔가 이상하지 않니? 강을 건넌다고 했는데, 말의 발굽까지 다 보이니 말이야. 한겨울이라 강이 얼어붙어서 그렇겠지. 옆으로는 하얗게 눈이 쌓인 낮은 언덕들이 보여. 왼쪽에 보이는 앙상한 나무의 가지에는 눈꽃이 가득 피어 있군.

앞선 두 사람은 지금 꽁꽁 얼어붙은 강 위에서 언덕 위에 있는 사람들을 뒤돌아보고 있어. 어서 따라오라고 말하는 듯해. 그렇지만 언덕 위에 있는 말들은 엉거주춤 겁을 먹었나 봐. 엉덩이를 뒤로 쭉 빼고 있으니 말이야.

강물 위를 어떻게 말 타고 건널 수 있을까?

답은 정해져 있어. 강이 얼었기 때문이지. 물이 단단한 얼음으로 변해서 무거운 말을 버티고 있는 거야. 눈이 잔뜩 쌓이고 강물이 언 걸 보면 여러 날 동안 영하의 추위가 이어졌나 봐. 물은 0℃에서 어는데 이렇게 꽁꽁 언 것을 보니 말이야.

액체인 물이 고체인 얼음으로 변한 거지. 자, 그럼 여기서 물의 세 가지 상태에 대해서 이야기해 볼까? 음, 바로 눈치챘군! **물, 얼음, 수증기** 말이야. 다르게 표현하면 **액체, 고체, 기체** 상태라고 할 수 있지.

지금 보고 있는 책이나 휴대 전화, 몸에 걸친 옷은 다 고체 상태지. 목이 마를 때 마시는 음료나 슬플 때 흘리는 눈물 등은 액체 상태야. 코로 크게 숨을 들이쉬어 봐. 뭔가 들어오는데 보이지는 않지? 비닐봉지를 펼쳐서 입구를 꽉 잡아 봐. 분명 빈 공간인데 봉지 안을 빵빵하게 채우는 무엇인가가 있어. 바로 공기야. 기체 상태이지. 이런 **물질의 상태는 온도에 따라 변해.**

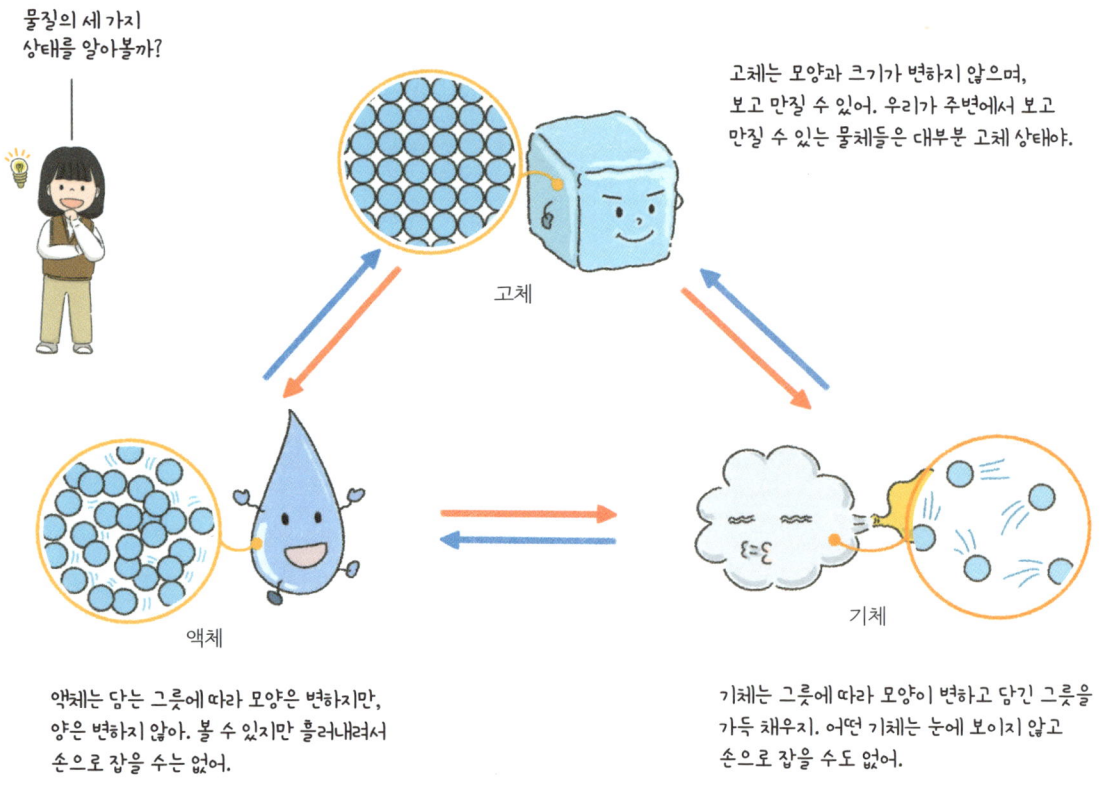

물질의 세 가지 상태를 알아볼까?

고체는 모양과 크기가 변하지 않으며, 보고 만질 수 있어. 우리가 주변에서 보고 만질 수 있는 물체들은 대부분 고체 상태야.

액체

액체는 담는 그릇에 따라 모양은 변하지만, 양은 변하지 않아. 볼 수 있지만 흘러내려서 손으로 잡을 수는 없어.

기체

기체는 그릇에 따라 모양이 변하고 담긴 그릇을 가득 채우지. 어떤 기체는 눈에 보이지 않고 손으로 잡을 수도 없어.

만약 그림 속 말이 푸르거린다면 코에서 하얀 김이 나올 거야. 날씨가 춥다는 증거지. 코에서 나오는 기체 상태의 수증기가 차가운 공기를 만나면서 온도가 내려가서 액체 상태인 물로 변한 거야. 추운 지방에 사는 사람의 사진을 본 적이

있니? 코 밑 수염을 보면 얼음이
잔뜩 붙어 있는 경우가 많아. 너무
추워서 숨 쉴 때 나온 수증기가
바로 얼어붙은 거야. 이렇게
**온도가 변하면 물질의 상태는
고체가 액체로, 액체가 기체로, 기체가
고체 등으로 서로 변화할 수 있어.**

코에서 나온 수증기가 차가운 공기를 만나
물로 변한 것이 김이야.

언덕에서 내려오길 주저하는 말을 봐.
고개를 수그리고 잔뜩 긴장했네. 비탈이 미끄러운가 봐. 말은 얼음 밑에서 흐르는
물소리가 들릴 거야. 단단하게 얼어붙은 강 아래는 어떻게 되었을까? 물이 꽁꽁
얼어붙으면 그 안에 사는 생물들도 다 얼어붙었을까. 그렇지 않다는 걸 모두 알고
있지? 얼음 아래에서는 여전히 물이 흐르고 있어. 얼음이 물 위에 떠 있거든.

어떻게 얼음은 물 위에 뜨는 걸까?

초콜릿을 만들어 본 적 있니? 모양 틀에 초콜릿을 녹여서 가득 붓고 냉동실에
넣으면 초콜릿이 굳으면서 안쪽으로 옴폭 팬 걸 볼 수 있어. 왜 그럴까? 물질의

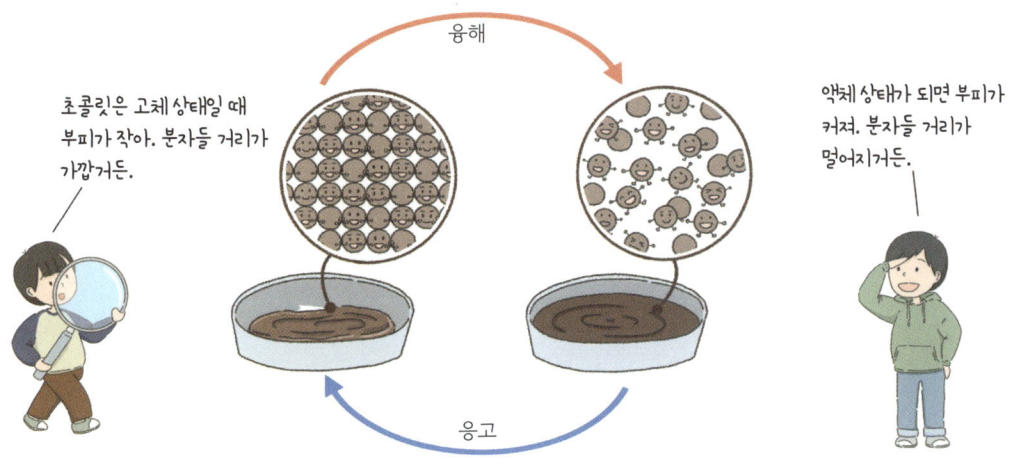

화학으로 옛 그림을 본다면

상태가 변할 때 물질의 부피가 달라지기 때문이야. 대부분의 물질은 고체 상태일 때 부피가 가장 작아. 액체로 변하면서 부피가 조금씩 커지고 기체일 때 부피가 가장 커져. 왜 그러냐고? **분자의 수는 똑같은데 분자 사이의 거리가 늘어나거든.** 물질의 상태가 변할 때 분자의 움직임이 달라지면서 분자 사이의 거리가 달라지지.

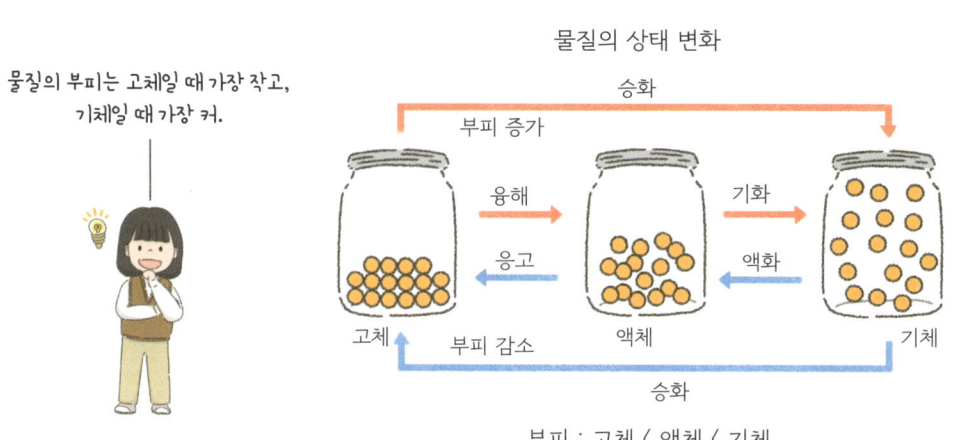

그런데 물은 달라. 물병에 물을 가득 담고 얼리면 어떻게 될까? 얼음이 볼록 위로 올라오는 걸 볼 수 있어. 물이 얼면서 오히려 부피가 커진 거야. 물은 다른 물질들과 다른 특성이 있어. **물 분자는 얼음으로 변할 때 일정한 모양을 만들어. 그러다 보니 오히려 액체 상태일 때보다 공간을 더 차지해서 부피가 커지지.**

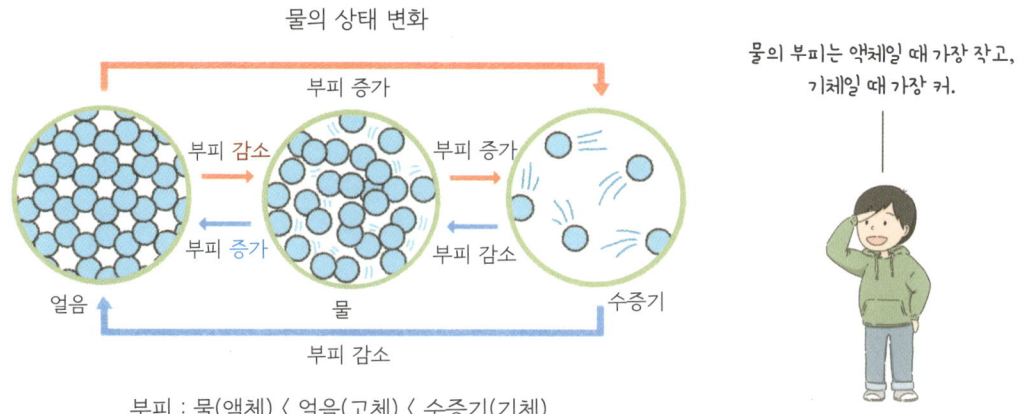

대부분의 물질은 고체일 때 부피가 작아지는데 물은 고체로 변할 때 오히려 부피가 커지면 어떤 점이 달라질까? 밀도가 달라져. 밀도는 같은 크기의 공간 안에 얼마나 많은 알갱이가 있는가를 말해. 보통의 물질은 액체 상태일 때보다 고체 상태일 때 밀도가 커. 그래서 액체 상태의 초콜릿에 고체 상태의 초콜릿을 넣으면 딱딱한 초콜릿이 가라앉지.

그렇다면 물은 어떨까? 액체인 물은 고체인 얼음보다 부피가 작다고 했지? **물이 얼음보다 밀도가 크다는 말이지. 그래서 고체인 얼음은 액체인 물에 떠.** 물만 특이하게 4℃에서 밀도가 가장 크지. 이런 물의 특성 때문에 한겨울에도 물 속의 물고기들이 얼지 않고 살 수 있어.

한겨울에 호수나 강의 물이 얼 때 밀도가 작아진 얼음이 위로 뜨니까 표면부터 얼어붙어. 덕분에 물 위에 뜬 얼음이 밖에서 불어오는 찬 공기를 막아 줘.

만약 얼음이 물보다 밀도가 커서 물 밑으로 가라앉는다면 어떤 일이 벌어질까? 호수나 강 아래의 생물들은 점점 얼어붙어 모두 죽게 될지도 몰라.

이제 그림 속으로 다시 들어가 볼까? 말을 탄 사람들은 머리에 털모자를 쓰고 긴 옷을 입고 장화를 신었어. 날이 상당히 춥다는 것을 알 수 있어. 이렇게 추운 날에는 말고삐를 잡은 손이 얼마나 차가울까? 장갑을 꼈는지 모르겠네.

화학으로 옛 그림을 본다면

추운 날 말 고삐를 잡으면 왜 차가울까?

강이 꽁꽁 얼 정도로 추운 날이야. 얼마나 추운지, 얼마나 더운지 알려면 어떻게 해야 할까? 온도계를 보면 돼. 온도는 따뜻하거나 차가운 정도를 수치로 나타낸 거야. **공기 온도는 기온, 몸 온도는 체온**이라고 하지.

말을 탄 사람은 한 손에는 활을 들고 다른 손으로 말고삐를 꼭 쥐고 있어. 그런데 왜 차가운 말고삐를 잡으면 손이 시릴까? 그건 손의 열을 말 고삐가 빼앗아가기 때문이야. 빼앗는다기보다 열이 이동한 거라고 말하는 게 더 정확해. 손에 있던 열이 말 고삐로 이동한 거지.

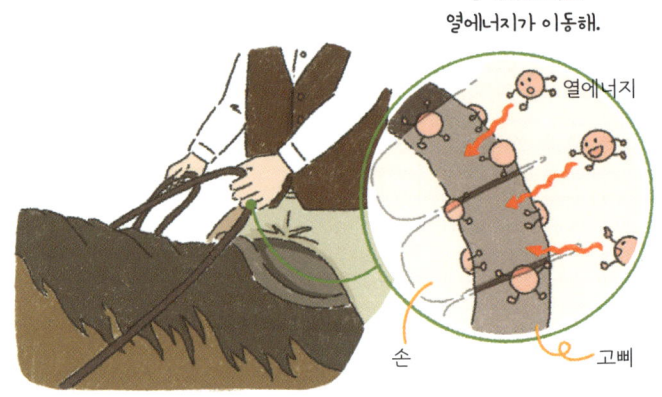

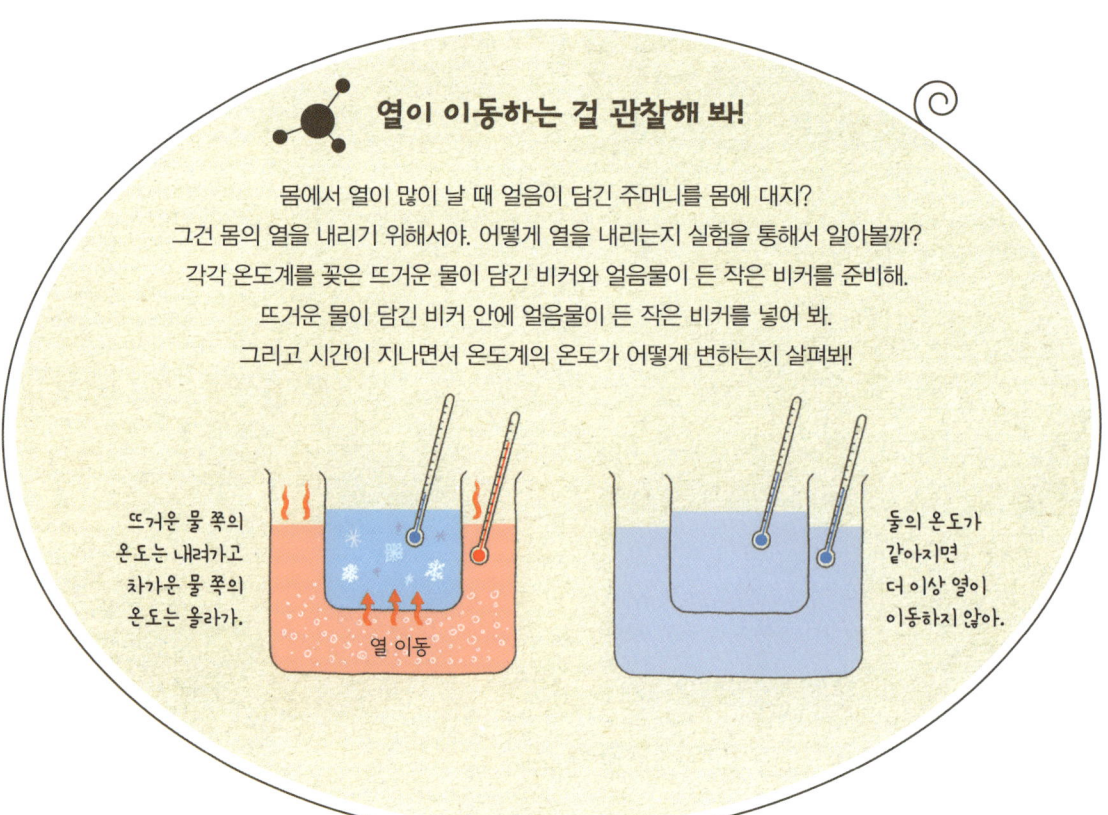

열이 이동하는 걸 관찰해 봐!

몸에서 열이 많이 날 때 얼음이 담긴 주머니를 몸에 대지? 그건 몸의 열을 내리기 위해서야. 어떻게 열을 내리는지 실험을 통해서 알아볼까? 각각 온도계를 꽂은 뜨거운 물이 담긴 비커와 얼음물이 든 작은 비커를 준비해. 뜨거운 물이 담긴 비커 안에 얼음물이 든 작은 비커를 넣어 봐. 그리고 시간이 지나면서 온도계의 온도가 어떻게 변하는지 살펴봐!

그런데 고삐를 계속 잡고 있으면 곧 차가운 느낌이 사라져. 손과 손이 잡은 고삐 부분의 온도가 같아졌기 때문이야. **온도 차이가 나면 열이 이동하는데, 두 물체 온도가 같아질 때까지 움직이지.** 두 물체 온도가 같아져서 더 이상 열이 이동하지 않는 상태를 **열평형 상태**라고 해.

말 탄 사람의 몸에서 또 열이 이동하는 곳이 있어. 이 사람들이 처음 말을 탈 때는 엉덩이가 차가웠을 거야. 안장이 차가운 상태였을 테니까. 열이 이동할 수 있는 조건이지. 말을 타다 보면 엉덩이의 열이 안장으로 이동해서 안장과 엉덩이 온도가 같아져. 그러면 더 이상 차갑게 느껴지지 않을 거야.

우리 생활에서 쉽게 열 이동을 살펴볼 수 있는 게 있어. 식품이 든 택배 상자를 열면 아이스팩이 들어 있지? 왜 아이스팩을 넣는 걸까? 주변의 열이 차가운 아이스팩으로 이동해서 식품이 상하지 않게 하기 위해서야.

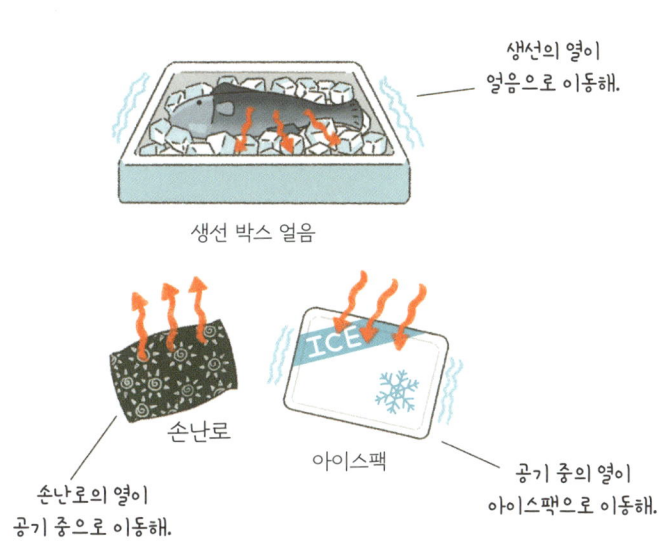

추울 때 손난로를 손에 쥐고 있으면 따뜻하지? 손난로의 열이 손으로 이동해서 그래. 그 외에도 열이 이동하는 예를 우리 주변에서 많이 찾아볼 수 있는데, 어떤 것이 있는지 한번 찾아볼래?

2

무더위가 심하면 계곡 물에 발을 담가

고사탁족도

전 이경윤, 16세기, 비단에 엷은 채색, 국립중앙박물관

"아, 시원하다."

윗옷을 풀어 헤친 선비가 물에 발을 담그고 있어. 물이 차가운지 발을 꼬고 있네. 큰 나무 아래 앉아서 더위를 피하고 있나 봐. 시동은 옆에서 술병을 들고 서 있어. 잎이 무성한 나무에는 붉은 꽃이 송이송이 피어 있고 뻗어 나온 가지에는 하얀 꽃과 붉은 꽃망울이 달려 있네.

〈고사탁족도〉는 '뜻이 높은 선비가 발을 씻는 그림'이라는 뜻이야. 중국 고전에 나오는 이야기를 주제로 그린 그림이지. 초나라의 충신인 굴원이 모함을 받아서 벼슬을 잃고 쫓겨나게 되었어. 강가에 앉아 시를 읊는데 지나던 어부가 무슨 일인지 물었어. 굴원이 어부에게 자신의 처지를 얘기해 주자 마지막에 어부가 웃으면서 이렇게 말해.

"창랑의 물이 맑으면 갓끈을 씻고 창랑의 물이 흐리면 발을 씻는다."

이 말을 남기고 어부는 사라졌다고 해. 세상의 변화에 맞춰서 행동을 하라는 의미였지. 하지만 굴원은 자신의 뜻을 꺾지 않았어.

고사가 아니더라도 조선 사람들은 더운 날이면 계곡에 가서 시원한 물에 발을 담그면서 더위를 피하는 풍속이 있었어. 나무 그늘에 앉아 차가운 물에 발을 담그면 한여름의 더위쯤은 아무것도 아닐 거야.

나무 그늘이 시원한 이유는 무엇일까?

선비가 앉아 있는 자리 위로 나뭇가지들이 드리워져 있어. 꽃과 나뭇잎이 잔뜩 달린 가지가 선비의 머리 위로 높이 솟아 있네. 더운 여름날 커다란 나무 아래에 앉아 있으면 시원하지? 태양으로부터 오는 직사광선을 나무가 막아 주기 때문이야. 빛은 직진하는 성질을 가지고 있거든. 빛이 뻗어나가다가 불투명한 물체를 만나면 뚫고 지나가지 못해. 그림자가 생기는 이유이지.

햇빛이 강할 때 길을 걸으면 머리가 뜨겁지? 태양에서 오는 열을 머리가 직접 받기 때문이야. 태양열을 받으면 물체의 온도가 올라가거든. 이렇게 **열이 직접 이동하는 걸 복사**라고 해. 태양에서 나오는 에너지는 **태양 복사 에너지**라고 하지.

태양 복사열이 그대로 머리에
전달돼서 몹시 뜨거워.

태양 복사열을 갓이 가려 주어서
그리 뜨겁지 않아.

그런데 햇볕이 뜨거울 때 모자를 쓰면 머리가 덜 뜨거워. 태양에서 오는 열, 즉 복사열을 모자가 막아 준 덕분이야. 나무 그늘처럼 열을 덜 받는 만큼 시원한 거지.

나무 그늘이 시원한 이유는 또 있어. 나무가 **증산 작용**을 해서야. **기공으로 식물의 남는 수분을 내보내는 현상**이지. 식물 내에 물이 많아지면 농도가 낮아져서 뿌리에서 물을 흡수하기 어려워져. 그래서 적당량 이상 남은 물은 모두 기공으로 내보내. 이렇게 기공을 통해 공기중으로 나오면서 물은 수증기로 증발돼. 그런데 물이 수증기로 변하려면 열이 필요해. 그래서 주변의

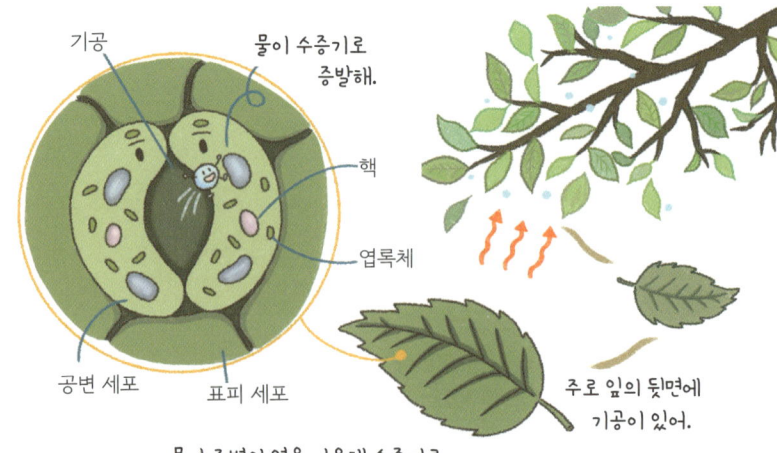

물이 주변의 열을 이용해 수증기로
변하니까 나뭇잎 주변은 다른 곳보다 시원해.

열을 빼앗아 가. 이렇게 액체가 기체로 변할 때는 꼭 열이 필요한데, 이 열을 **증발열**이라고 해. 그래서 증산 작용이 일어나는 나무 주변의 기온은 주변보다 낮아. 증산 작용을 하느라 주변의 열을 가져가니까. 증산 작용은 햇볕이 강하고 온도가 높을수록 활발해져. 여름날 나무 그늘에 있으면 시원한 이유지.

이제 그림을 좀 볼까? 커다란 고목에 붉은 꽃과 잎이 가득 피어 있고 가늘게 뻗은 가지에는 붉은 꽃봉오리와 하얀 꽃이 피어 있어. 선비가 앉아 있는 바위 주위에도 잡풀과 이끼들이 있네. 이 많은 잎이 증산 작용을 할 테니 그 주변은 정말 시원하겠지?

피는 시기가 맞지 않는 꽃들은 무엇을 의미할까?

그림 속 붉은 꽃이 가득 핀 오래된 나무는 배롱나무인 듯해. 배롱나무는 여름에 붉은 꽃을 가득 피워. 그런데 붉은 꽃봉오리와 하얀 꽃은 무엇일까? 매화나 복숭아꽃 같아. 매화는 겨울이 채 가기 전에 피는 꽃이고, 복숭아꽃은 봄에 피는 꽃이야. 피는 시기가 다른 꽃을 왜 한 그림에 그려 놓은 걸까?

화학으로 옛 그림을 본다면

이 그림을 그린 걸로 추정되는 이경윤은 조선 9대 왕 성종의 고손자(4대손)로 왕족 출신이야. 당시 조선 사회는 정치적인 싸움인 사화와 임진왜란 같은 왜구의 침략으로 혼란스러운 상태였어. 그래서 이경윤은 어지럽고 혼란스러운 세상을 피하고 싶은 마음을 그림에 담은 거지. 선비의 고결함과 이상적인 세계를 뜻하는 꽃을 한껏 그려 넣어서 말이야.

요즘은 계절과 맞지 않게 꽃이 피기도 해. 왜 그러느냐고? 식물은 자기에게 맞는 기온과 빛의 양에 따라 꽃을 피워. 그런데 최근 2~3월의 기온 상승과 도시 열섬 현상으로 봄꽃이 예년보다 빨리 피기도 해. 다들 아는 것처럼 원인은 환경 오염으로 인한 지구 온난화로 보고 있어.

우리가 사용하는 화석 연료에서는 이산화 탄소가 많이 나와. 대기 중에 이산화 탄소나 메테인 등의 온실 기체가 많아지면 지구의 평균 기온이 높아지는데, 이런

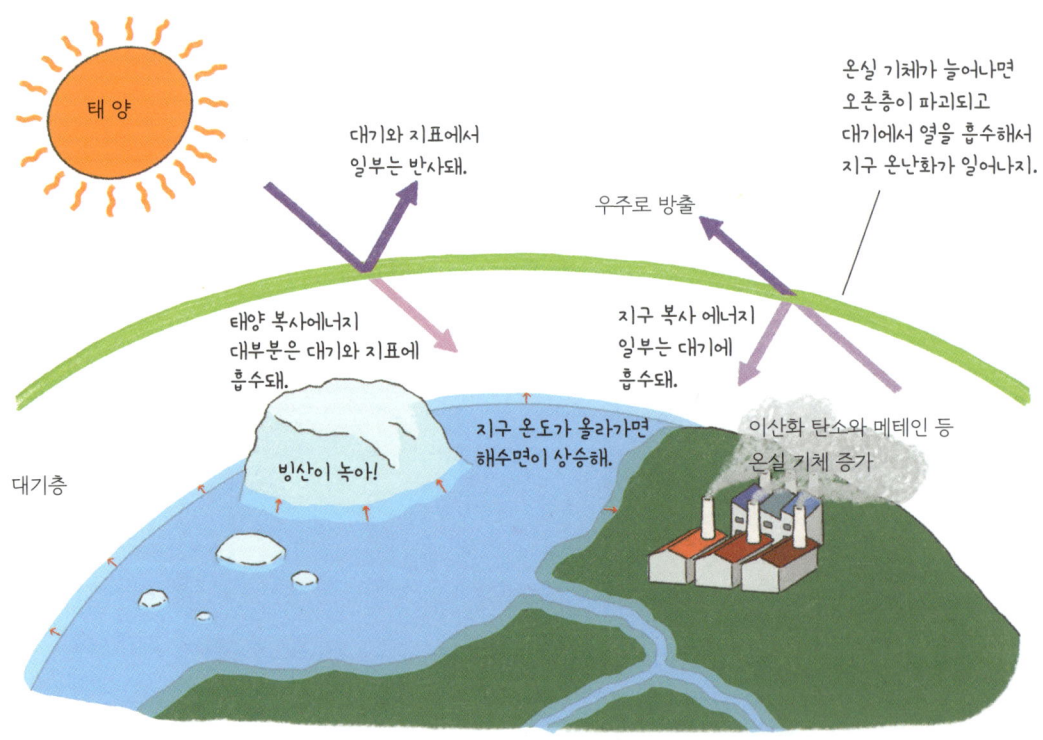

사실 온실 기체가 나쁜 건 아니야. 태양으로 오는 복사 에너지를 가둬서 지구를 따뜻하게 하는 역할을 하거든. 그런데 이산화 탄소나 메테인 등 온실 기체가 필요 이상 많아지면 지구가 방출하는 열을 많이 흡수해서 지구가 점점 뜨거워져.

현상을 **지구 온난화**라고 해. 지구 온난화로 지구 온도가 높아지면 기후 변화 속도가 빨라져서 여러 동·식물이 자신의 환경에 적응하지 못하고 멸종 위기를 맞지. 사실 지구 온도가 1℃만 높아져도 세계 곳곳에서는 극심한 가뭄과 심각한 기후 변화가 일어난다고 해. 어쩌다 봄에 다양한 꽃들을 빨리 만날 수 있어서 좋기도 하지만 이런 **생태계의 변화**는 심각함을 알리는 **자연의 경고**이기도 해.

물이 있는 곳은 왜 시원할까?

그림을 자세히 들여다봐. 물이 차가운지 선비의 발이 꼬여 있어. 그리고 차가워서 발을 넣었다 뺐다 해서인지 물결이 동그랗게 일어났네. 더운 여름인데 왜 개울물이 흐르는 계곡은 시원할까?

이유는 간단해. **물이 증발할 때 필요한 증발열을 주위에서 가져가기 때문이야.** 아까 나뭇잎이 증산 작용을 해서 주위가 시원한 것처럼 말이야. 그래서 계곡이나 호수 주위가 다른 지역보다 시원해. 계곡이나 호수의 물이 계속 증발하고 있거든. 거기에다 바람까지 불면 더 시원해. 바람 덕에 증발이 더 잘 일어나니까. 그렇다면 증발은 또 언제 잘 일어날까? 빨래가 잘 마르는 때를 생각해 보면 쉬워. 기온이 높고, 바람이 불고, 습도가 낮고, 표면적이 넓을 때 말이야.

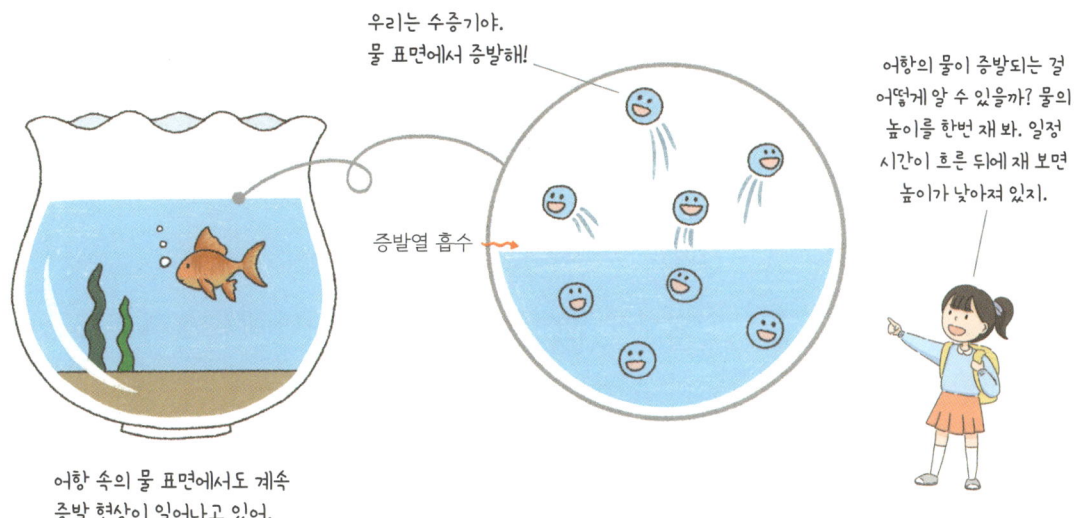

화학으로 옛 그림을 본다면

꽃향기가 가득 실린 산들바람이 불고 졸졸졸 개울물 흐르는 소리가 들릴 듯한 그림 속을 다시 들여다볼까? 물에 담긴 발이 시원해서 더위가 싹 가시는 것 같아. 그런데 물로 풍덩 들어가면 더 시원할 텐데 선비는 왜 발만 넣었을까? 조선 시대 양반은 몸가짐을 바르게 해야 했어. 비가 와도 뛰지 않고 양반의 체통을 지켜야 했지. 그림처럼 선비가 윗옷을 풀어 헤쳐 배를 드러낸 것만도 큰일이었어. 시동만 있는 깊은 숲속이니 마음을 조금 놓은 것일 거야.

풀어헤친 선비의 몸에서 땀이 흘러 증발 현상이 일어나. 체온이 좀 내려갈 테니 시원하겠지?

계곡에서는 계속 증발현상이 일어나 주변의 열을 가져갈 테니 시원할 거야.

옷을 꽁꽁 싸매고 있어서 열이 빠져나가지 못하니 시동은 더울 것같아.

차가운 물에 담근 발에서는 열이 빠져나가. 차가운 물로 열이 이동할 테니까. 역시 시원하겠군!

사실 물에 발만 담가도 시원해져. 발이 시원한 물과 만나면 발을 통해서 몸의 열이 물로 이동할 테니까 말이야. 선비는 시원하겠지만 옆에 서 있는 시동은 등에 봇짐까지 메고 있으니 얼마나 더울까? 그래도 더운 티를 내지 않고 술병을 들고 주인이 부르길 기다리고 있으니 시동이 선비보다 더 참을성이 많은 것 같아.

놀다가 땀이 나서 옷을 벗고 싶은데 엄마가 자꾸 옷을 입으라고 할 때가 있지? 더운데 왜 그러느냐며 짜증을 내기도 했을 거야. 엄마가 그러는 데는 이유가 있어. 땀이 증발하면서 갑자기 체온이 떨어지면 감기에 걸리기 쉽기 때문이야. 그럴 땐 엄마의 말을 듣는 게 좋겠지?

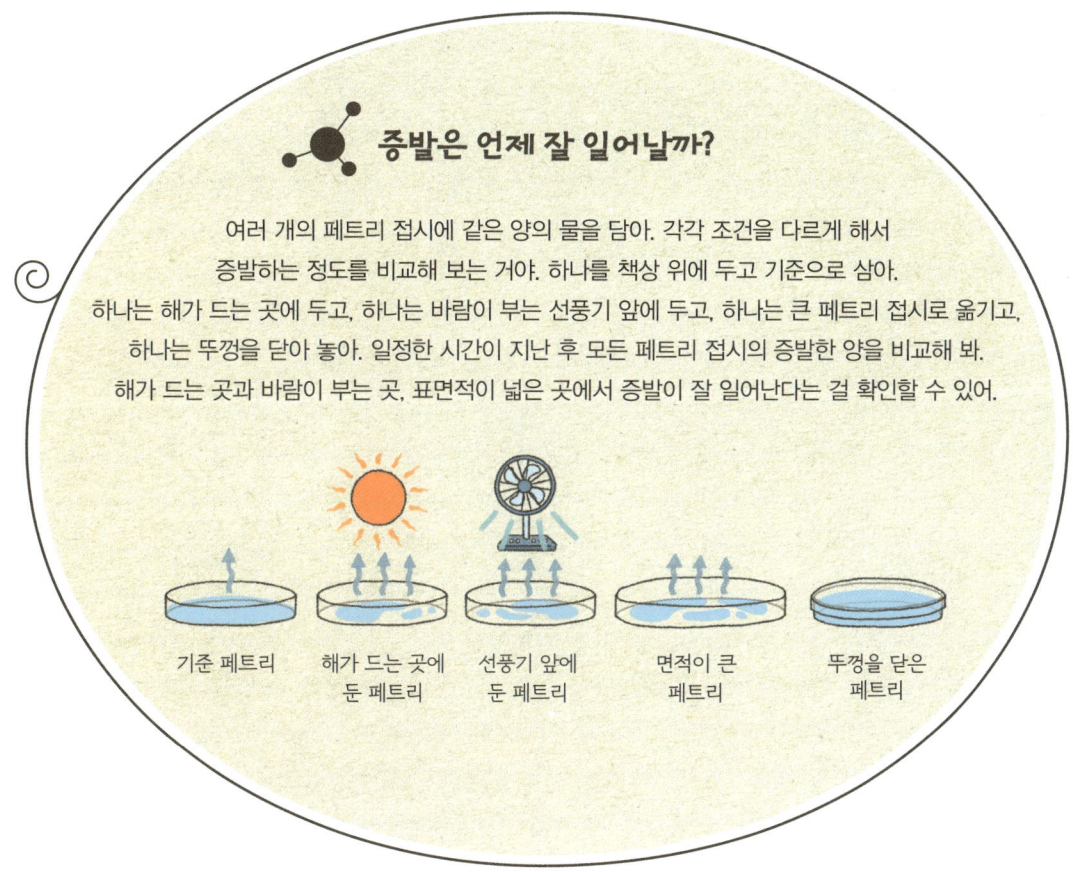

증발은 언제 잘 일어날까?

여러 개의 페트리 접시에 같은 양의 물을 담아. 각각 조건을 다르게 해서 증발하는 정도를 비교해 보는 거야. 하나를 책상 위에 두고 기준으로 삼아. 하나는 해가 드는 곳에 두고, 하나는 바람이 부는 선풍기 앞에 두고, 하나는 큰 페트리 접시로 옮기고, 하나는 뚜껑을 닫아 놓아. 일정한 시간이 지난 후 모든 페트리 접시의 증발한 양을 비교해 봐. 해가 드는 곳과 바람이 부는 곳, 표면적이 넓은 곳에서 증발이 잘 일어난다는 걸 확인할 수 있어.

기준 페트리 / 해가 드는 곳에 둔 페트리 / 선풍기 앞에 둔 페트리 / 면적이 큰 페트리 / 뚜껑을 닫은 페트리

3

5월 5일 단옷날엔 성벽으로 모여라

대쾌도
전 신윤복, 1785년, 종이에 채색, 국립중앙박물관

"으라차차!"

누가 누가 이길까? 많은 사람이 성벽 옆 커다란 공터에 모여 있어. 위쪽에서는 씨름 경기가 펼쳐지고 아래쪽에는 태껸 경기가 벌어지고 있네. 사람들이 둥글게 흙바닥에 앉아서 경기를 구경하고 있어. 높은 성벽 위에서 내려다보는 사람들도 있고, 구경하는 사람들에게 엿을 파는 사람도 있고, 담배를 피우며 수다를 떠는 사람도 있어.

《동국세시기》를 보면 단오에 '청년들이 남산의 왜장과 북악의 신무문 뒤에서 씨름하며 승부를 겨룬다.'라는 글이 있어. 〈대쾌도〉는 단옷날 마을의 놀이 모습을 그린 그림이야. 크게 유쾌하다는 뜻이 담겨 있지. 단오에 여자들은 창포가 무성한 못가나 물가에 가서 머리를 감거나 그네를 타. 그래서인지 그림에는 주로 남자들이 보여.

누워서 보는 사람, 더운지 부채를 들고 있는 사람, 삿갓을 흔들며 응원하는 사람, 늦게 보러 오느라 서두르는 사람도 있네. 아래쪽에는 나무 밑에 좌판을 깔고 앉아서 잔술을 팔려는 들병장수가 있어. 술을 사려고 주머니에서 돈을 꺼내는 사람도 있어. 다양한 모습의 사람들이 곳곳에서 즐기고 있는 그림이야.

물체를 이루고 있는 것은 뭘까?

오른쪽으로 높이 솟아 있는 성벽이 보여. 성벽은 돌을 쌓아서 만들었어. 씨름과 태껸을 하고 있는 바닥은 흙으로 이루어졌고, 들병장수가 깔고 앉은 자리는 짚을 엮어서 만들었어. 이렇게 성벽이나 자리처럼 하나 이상의 **물질**로 이루어져 구체적인 형태를 가지고 있는 것은 **물체**라고 해. 우리 눈에 보이고 만질 수 있는 것은 모두 물체야. 돌이나 흙처럼 물체를 이루는 재료는 물질이지. 물질은 각각 성질이 달라서 물질의 고유한 성질을 이용해서 여러 가지 물체를 만들어.

그림 속 사람들을 한번 볼까? 햇볕이 뜨겁나 봐. 모자를 쓴 사람들이 많네. 삿갓, 갓, 건 등 다양한 종류의 모자를 쓰고 있어. 삿갓과 갓은 대오리로 만들고, 건은 베나 모시 같은 천으로 만들었어. 옷도 마찬가지로 다양해 보이지만 마나 모시 같은 시원한 섬유로 만들었지. 발에 신은 짚신, 나막신, 가죽신 등은 서로 다른 물질로 만들었고 말이야. 담뱃대를 든 사람들도 보이지? 담뱃대는 나무와 금속으로 만들었어. 연기가 지나는 부분은 나무로, 불을 붙이는 부분은 열에 강한 금속으로 되어 있어. 물질의 고유한 성질을 이용해서 모양과 기능이 다른 여러 가지 물체를 쓰임새에 맞게 만들어 쓰지.

그럼 물질은 무엇으로 이루어져 있을까? 이 질문은 기원전부터 내려온 질문이야. 오랜 시간 여러 과학자가 연구에 연구를 거쳐서 찾아낸 답은 원소였어. 원소는 더 이상 다른 물질로 분해되지 않는 기본 성분이야. **물체는 물질로, 물질은 원소로 되어 있다**는 이야기지.

우리가 쉴 새 없이 들이마시는 공기는 대부분이 질소와 산소로 이루어져 있어. 물은 수소와 산소로 되어 있고 말이야. 질소, 산소, 수소는 모두 원소야. 원소들을 화학적 특성에 따라 체계적으로 분류하여 나열한 **주기율표**를 보면, 지금까지 인류가 발견한 원소가 몇 가지인지 알 수 있어.

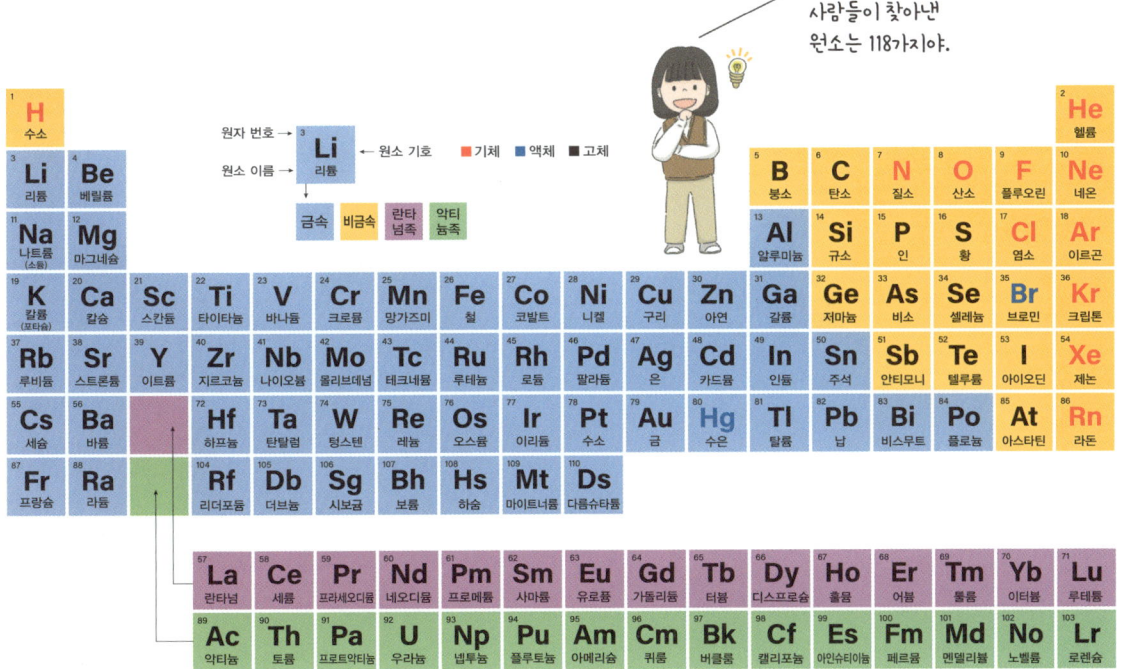

화학으로 옛 그림을 본다면 31

빨리 움직이면 왜 숨이 가빠질까?

많은 사람이 모여서 이야기를 나누며 경기를 구경하고 있어. 각자 앉은 모양이나 움직임은 달라도 모두 같은 일을 하고 있어. 무슨 일이냐고? 바로 숨 쉬는 거야. 그림 속 사람들뿐 아니라 지금 책을 읽고 있는 우리도 마찬가지야. 코나 입으로 공기를 들이마셨다가 다시 내쉬지. 들이마실 때는 가슴이 올라가고 내쉴 때는 가슴이 내려가. 또한 가만히 있으면 천천히, 많이 움직이면 점점 가쁘게 숨 쉬지. 그중 씨름하는 소년들과 태껸을 하는 소년들은 더욱 가쁘게 숨을 쉬고 있을 거야. 많이 움직이고 있으니까 말이야.

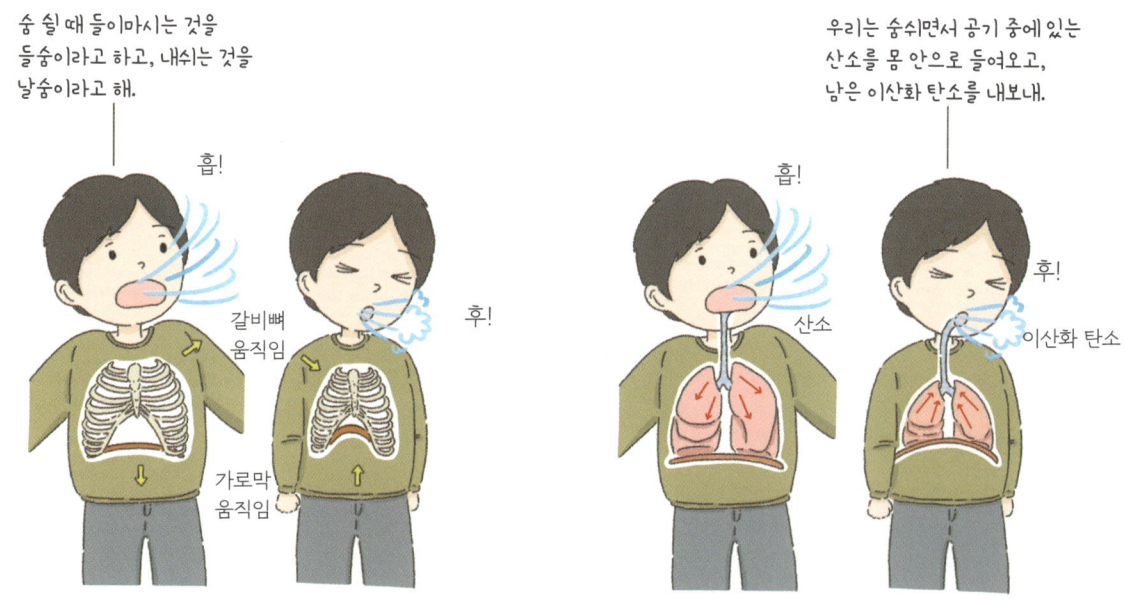

숨 쉴 때 들이마시는 것을 들숨이라고 하고, 내쉬는 것을 날숨이라고 해.

우리는 숨쉬면서 공기 중에 있는 산소를 몸 안으로 들여오고, 남은 이산화 탄소를 내보내.

왜 많이 움직이면 숨 쉬는 게 빨라질까? 사람이 움직이려면 에너지가 필요해. **몸에 필요한 에너지는 음식에서 얻은 영양분을 분해해서 만들어.** 영양분을 분해하려면 산소가 필요하고, 산소는 숨을 쉬어서 공기로부터 얻어. 몸 안에서 쓰인 산소는 이산화 탄소로 바뀌지. 씨름을 하거나 태껸을 할 때는 평소보다 에너지가 더 많이 필요해. 에너지를 많이 만들려면 산소가 많이 필요하겠지? 산소를 많이 썼으니 이산화 탄소도 많이 생겼을 테고 말이야. 그러니 숨이 빨라지는 거야. 산소를 많이 받아들이고, 이산화 탄소를 빨리 내보내야 하거든.

그런데 몸을 심하게 움직이면 어떻게 될까? 숨 쉬면서 만드는 에너지보다 더 많은 양의 에너지가 필요해지지. 그럴 때 몸은 부족한 에너지를 만들기 위해 산소 없이 에너지를 만드는 **무산소 호흡**을 해. 무산소 호흡을 하면 근육에 젖산이라는 물질이 만들어져. **젖산은 피로를 느끼게 하는 물질**이라 근육에 많이 쌓이면 통증을 느껴. 운동하고 나면 몸이 여기저기 막 쑤시고 아프지? 젖산이 많이 생겨서 그런 거야. 아마도 저 소년들은 오늘 저녁에 누우면 몸이 엄청 쑤시겠는걸.

그림 아래쪽을 보니 들병장수가 술병에서 술을 따르고 있네. 그 앞에는 술을 사서 마시려는 사람이 있어. 구경하다 목이 말라 한잔 마시러 온 것일까?

곡식이 술로 어떻게 바뀌는 걸까?

들병장수 앞으로 사람들이 모이고 있어. 술의 시큼한 냄새가 사람들을 부르나 봐. 냄새를 맡으니 더 마시고 싶어지는 걸까? 등이 굽은 아저씨 쪽으로 고개를 기울인 사람은 돈주머니를 만지며 고민하고 있는 듯해.

술은 그만하고 태껸이나 보러 가세!

화학으로 옛 그림을 본다면 33

그림 속의 술은 막걸리처럼 곡식으로 만든 종류일 거야. 곡식을 쪄서 누룩과 물을 섞어 놓으면 발효를 거쳐 알코올 성분이 든 술이 돼. **발효는 효모가 포도당을 분해해서 알코올과 이산화 탄소를 만드는 과정**이야. 포도당이라는 물질이 알코올과 이산화 탄소로 바뀐 거지.

포도를 오래 놔두면 어떻게 될까? 시큼한 냄새가 나면서 맛이 변한 걸 본 적이 있지? 포도가 발효되어 술이 된 거야. 새콤달콤하던 포도가 완전히 다른 물질인 술로 바뀌었지. **화학 변화**가 일어난 거야. 화학 변화는 **어떤 물질이 성질이 다른 새로운 물질로 변하는 현상**이야.

물질의 고유한 성질이 완전히 달라지지. 식물의 잎에서 일어나는 광합성과 우리가 움직일 수 있게 에너지를 만드는 호흡, 김치나 술의 발효 등은 모두 **화학 변화**야.

그림 속에서 또 화학 변화를 즐기는 사람이 있어. 바로 담뱃대를 들고 담배를 피우는 사람이야. 담배를 태워서 나오는 연기를 들이마시고 있으니까.

엿장수가 들고 있는 엿은 어떨까? 엿은 곡식을 엿기름으로 삭혀서 고아 만든 거야. 엿도 화학 변화가 일어난 거지.

성벽을 쌓은 돌을 다시 볼까? 돌을 깎아서 모양만 바꿔서 성벽을 쌓기도 하지만 흙과 모래 등을 섞어 불에 구운 벽돌로 성벽을 쌓기도 해. 불에 구운 벽돌은 원래 물질인 흙과 모래와는 전혀 다른 성질을 가지게 되지.

우리는 자연에서 얻은 물질을 그대로 사용하기도 하지만 화학 변화를 이용해서 새로운 물질로 만들어서 사용하기도 해.

주변에 있는 물질 중에 어떤 것이 화학 변화를 이용한 물질인지 살펴보는 건 어떨까?

4
열심히 일하고 먹는 점심은 꿀맛

점심
김홍도, 18세기, 종이에 엷은 채색, 국립중앙박물관

"달그락, 달그락."

사람들이 모여서 밥을 먹고 있어. 일하다 먹는 새참이야. 조선 시대에는 아침과 저녁 두 끼를 먹었대. 그러면 일하다 중간에 배가 고프지 않냐고? 그래서 바쁘게 일할 때는 새참을 먹었지. 일이 많은 농번기에는 세 끼를 먹고, 일이 없는 겨울에는 두 끼만 먹었다고 해. 이 사람들은 일하느라 힘을 써서 배가 많이 고팠나 봐. 다들 정말 맛있게 먹네. 여름인지 웃옷을 벗은 사람이 여러 명 보여. 여름철이니 김매기를 했을 거야. 뜨거운 햇볕 아래에서 풀을 뽑으면 정말 힘들지. 벌써 밥을 다 먹은 사람들도 보이네.

커다란 그릇을 입에 대고 있는 사람은 밥을 다 먹고도 모자라나 봐. 큰 그릇으로 물인지 술인지를 마시고 있어. 술동이 안에는 막걸리가 들어 있을 거야. 더벅머리 남자는 술동이를 잡고 안을 들여다보고 있군. 밥을 다 먹고 부채로 어깨를 두드리는 사람도 있네. 한 손으로 술잔을 마시는 사람도 보여. 새끼손가락을 살짝 들고 있네. 그 옆으로 밥그릇을 기울이고 숟가락을 빠는 사람도 보여. 이렇게 많은 사람들이 모여서 밥을 먹고 있는데, 반찬은 생선 한 접시뿐이라니! 아, 하나 더 있나 봐. 왼손에 밥그릇을 든 사람을 보니 젓가락으로 반찬을 집고 있잖아. 나물이나 김치 같은 반찬일 텐데, 거의 비웠군. 다들 밥이 참 맛있나 봐.

딱딱한 쌀이 어떻게 부드러운 밥이 될까?

그런데 이 사람들의 밥그릇을 한번 볼래. 밥그릇이 정말 크지? 요즘 국그릇보다 더 큰 듯해. 조선 시대 사람들은 밥을 많이 먹었어.

기록에 따르면 남자는 한 끼에 7홉, 여자는 5홉, 아이는 3홉의 밥을 먹었다고 해. 1홉은 한 되의 10분의 1로, 대략 180밀리리터야. 7홉이면 200밀리리터 우유팩 6개 정도의 양이지. 와, 정말 엄청나군. 상황에 맞게 쌀밥이나 보리밥, 잡곡밥 등을 먹었어. 고된 농사일을 해서 많이 먹어도 배는 금방 꺼져. 여름이니까 지금은 보리밥을 먹을 거야. 쌀은 가을에 추수해야 먹을 수 있으니까.

밥은 딱딱한 쌀이나 보리로 지은 거야. 딱딱한 쌀이 어떻게 부드러운 밥이 되는 걸까? 쌀로 밥을 하면 쌀 부피의 1.5배 이상 늘어나. 밥을 하려면 쌀에 물을 넣고 열을 가해. 그러면 쌀에 물이 들어가서 부피가 커져. 거기에 열을 가하면 딱딱했던 쌀이 말랑해지고 끈적거려지지. 이런 변화를 **호화**라고 해. **고구마나 쌀 속에 들어 있는 녹말이 물과 열을 만나서 성질이 변하는 현상**이야.

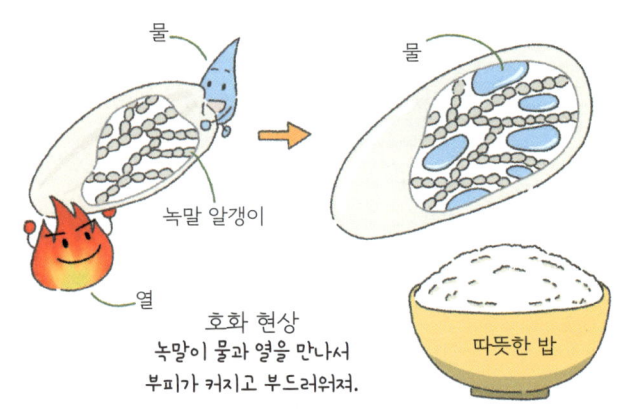

호화 현상
녹말이 물과 열을 만나서 부피가 커지고 부드러워져.

따뜻한 밥

녹말이 호화하면 맛이 좋아지고 소화도 잘돼. 그래서 생쌀을 씹어 먹지 않고 밥을 해 먹는 거야. 고구마나 감자도 생으로 먹는 것보다 익혀 먹으면 더 맛있지.

그런데 밥을 그대로 놔두면 어떻게 될까? 시간이 지남에 따라 점점 딱딱해져. **호화한 녹말이 열을 잃으면서 분자 사이가 가까워지고, 수분이 날아가면서 단단한 구조로 돌아가기** 때문이야. 이 현상을 **노화**라고 해. 밥이 노화하면 딱딱하고 맛이 없지. 찬밥을 맛있게 먹으려면 물을 좀 넣고 끓이면 다시 호화해서 맛있게 먹을 수 있어. 밥솥에서 보온을 하는 이유는 뭘까? 맞아. 노화를 늦추기 위해서야. 온도를 60℃ 이상으로 유지하면서 수분을 잃지 않게 하면 노화가 잘 안 일어나지. 그래도 완전히 막을 수는

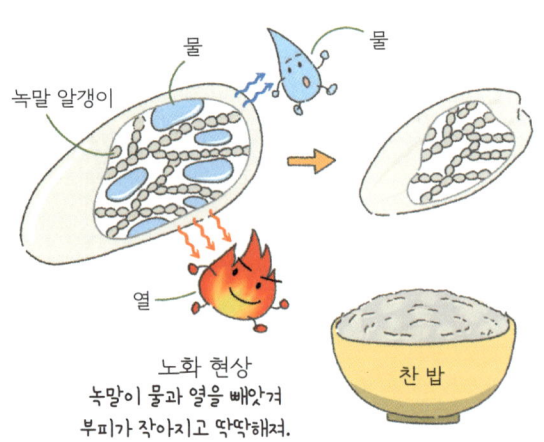

노화 현상
녹말이 물과 열을 빼앗겨 부피가 작아지고 딱딱해져.

찬 밥

없어. 밥솥에 보온 상태로 오래 놔두면 밥이 노래지고 딱딱해지지.

　말랑말랑한 떡을 냉장실에 보관하면 어떻게 될까? 딱딱해지고 맛이 없어져. 냉장실 안에서 수분이 계속 날아가면서 노화하기 때문이야. 노화는 0℃~5℃ 정도일 때 가장 빠르게 일어나거든. 바로 냉장실 온도야. 상하지 않게 하려고 떡을 냉장실에 넣으면 오히려 맛이 없어지는 거지.

　그런데 굳지 않는 떡에 대해 들어 본 적 있니? 그런 떡은 수분이 쉽게 빠져나가지 못하도록 치대서 반죽의 성질을 바꾸거나 당분을 넣어서 노화를 막은 거야. 또 노화를 방지하는 방법이 있어. 냉동 보관하는 거야. 말랑말랑한 떡을 냉동 보관했다가 꺼내서 녹이면 다시 말랑말랑해져. 냉동실에 떡을 넣으면 수분과 함께 얼었다가, 꺼내 놓으면 녹아서 처음의 호화 상태로 돌아가 부드러워진 거야.

밥을 먹고 나면 왜 하품이 날까?

　밥을 먹고 나면 나도 모르게 눈이 감겨. 세상에서 제일 무거운 게 눈꺼풀이라고 할 만큼 졸음을 이기기 어려워. 밥을 먹으면 왜 하품이 나고 졸음이 오는 걸까?

　밥을 먹으면 몸에서는 소화를 시켜야 해. **소화는 음식물 속의 영양소를 몸이 흡수할 수 있도록 잘게 분해하는 과정**이야. 영양소가 있어야 몸에 필요한 에너지를 만들 수 있기 때문에 소화는 우리 몸을 유지하는 아주 중요한 과정이야.

음식을 소화하고 영양소를 흡수하는 건 살아가기 위해서 꼭 필요해. 음식물이 입을 거쳐서 위, 작은 창자로 가는 동안 우리몸에서는 소화액이 나와서 음식물을

휴식 상태가 되면 맥박, 호흡, 혈압이 낮아져.

소화 기관으로 에너지가 집중돼.

분해하지. 분해된 영양소는 작은 창자에서 흡수되어 온몸의 필요한 곳으로 배달돼.

이렇게 소화가 일어날 때는 몸의 기능이 소화에 집중해야 해. 그래서 음식을 먹으면 몸은 휴식을 취하는 상태로 바뀌지. 소화와 흡수에 관련된 기능만 활성화하고 나머지 기능은 최소화하는 거야. 혈액과 에너지도 평소보다 소화 기관으로 더 많이 보내고 기분을 편안하게 하고 잠을 부르는 호르몬이 나와서 우리 몸을 나른하게 만들지. 밥을 먹었는데 나른하고 졸리다면 몸이 소화에 집중하고 있다는 증거야. 식곤증은 몸의 정상적인 반응이야. 식곤증이 너무 심해서 뭘 할 수가 없다고? 그건 너무 많이 먹은 거겠지!

그럼 **하품**은 왜 나오느냐고? 잠이 오거나 무료할 때 무의식적으로 나오는 게 하품이야. **뇌를 깨우고 정신을 차리기 위한 반응**이지. 입을 크게 벌리고 숨을 들이쉬면 그 자극이 뇌로 전달되어 뇌를 깨워. 뇌의 산소가 부족할 때 산소도 공급하면서 정신 차리라고 신호를 보내는 거야. 뇌를 너무 많이 썼을 때도 하품이 나와. 그런데 지금 하품이 나온다고? 그렇다면 지금 책을 읽느라 뇌를 너무 많이 쓴 거야. 그럴 땐 기지개를 쭉 켜고 심호흡을 해 보렴.

아함! 왜 이렇게 하품이 나지?

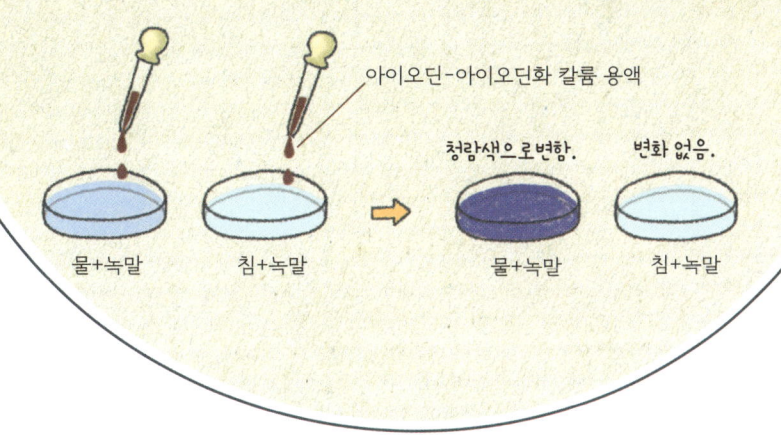

녹말의 소화 과정을 지켜봐!

두 개의 페트리 접시 중 하나에는 물을 2분의 1 정도 넣고 다른 하나에는 같은 양의 침을 넣어. 침을 그렇게 많이 어떻게 모으냐고? 음, 그건 각자 능력! 다 모았으면 녹말을 면봉에 찍어서 양쪽에 넣고 여러 번 저어. 그리고 아이오딘-아이오딘화 칼륨 용액을 양쪽에 한두 방울 떨어뜨리고 변화를 관찰해 봐. 물이 든 쪽만 청람색으로 변할 거야. 아이오딘-아이오딘화 칼륨 용액은 녹말과 반응해서 청람색으로 변하니까. 그런데 침이 든 쪽은 왜 안 변할까? 그건 녹말이 분해되어서 그래. 침이 녹말을 소화해 버렸거든. 그러니까 밥을 잘 소화시키려면 침이 음식과 잘 섞이도록 꼭꼭 씹은 뒤 삼켜야 한다는 것 알겠지?

같은 액체 물질인데 왜 다 다를까?

그림 아래쪽에는 새참을 가지고 온 엄마가 아기에게 젖을 먹이고 있어. 그 옆에 앉은 아이의 밥그릇도 만만치 않게 크지? 어른들은 막걸리와 물을 마시고 아기는 젖을 먹네. 그런데 그림 속의 커다란 대접을 들고 마시는 사람과 잔을 들고 마시는 사람은 술을 마시는 걸까? 물을 마시는 걸까? 둘 다 술병을 잡은 사람 근처에 앉아 있는데 말이야. 냄새를 맡아 보면 알 텐데 그림으로는 냄새를 알 수가 없네.

물과 막걸리, 젖은 모두 액체 물질이야. 그렇지만 성질은 달라. 물은 투명하고 막걸리와 젖은 불투명해. 물은 특별한 맛이 없고, 막걸리는 달짝지근하고 텁텁하고, 젖은 담백해. 맛이 다 다르지. 그리고 끈적임도 달라. 각기 다른 이유는 이루고 있는 성분 물질이 달라서야. 물처럼 다른 물질이 섞이지 않고 **한 가지 물질로만 이루어진 물질을 순물질**이라고 해. 막걸리나 젖처럼 **두 가지 이상의 순물질이 섞인 물질은 혼합물**이라고 해. 우리가 주위에서 볼 수 있는 물질들은 순물질과 혼합물로 나눌 수 있어.

쭉쭉쭉!
엄마 젖은 정말 맛있어!

순물질인 물과 설탕을 섞어 볼까? 순물질인 물에 설탕을 섞었으니 설탕물은 혼합물이야. 눈으로 봐서는 물과 설탕물은 구별이 어려워. 물도 설탕물도 모두 투명하기 때문이야. 겉으로는 구별이 안 돼도 냄새나 맛을 보면 구별할 수 있어. 혼합물은 각각 물질마다 고유한 성질을 그대로 가지고 있거든.

물과 설탕물은 눈으로 구별이 안 되지만 설탕물과 우유는 눈으로 봐도 구별할 수 있지? 설탕물은 투명하지만, 우유는 불투명해. 설탕물은 설탕과 물이 고르게 섞여 있어서 어느 부분을 봐도 성분과 성질이 같은 **균일 혼합물**이야. 하지만 우유는 지방, 단백질 등 성분 물질들이 분산되어 부분마다 성질이 다른 **불균일 혼합물**이야.

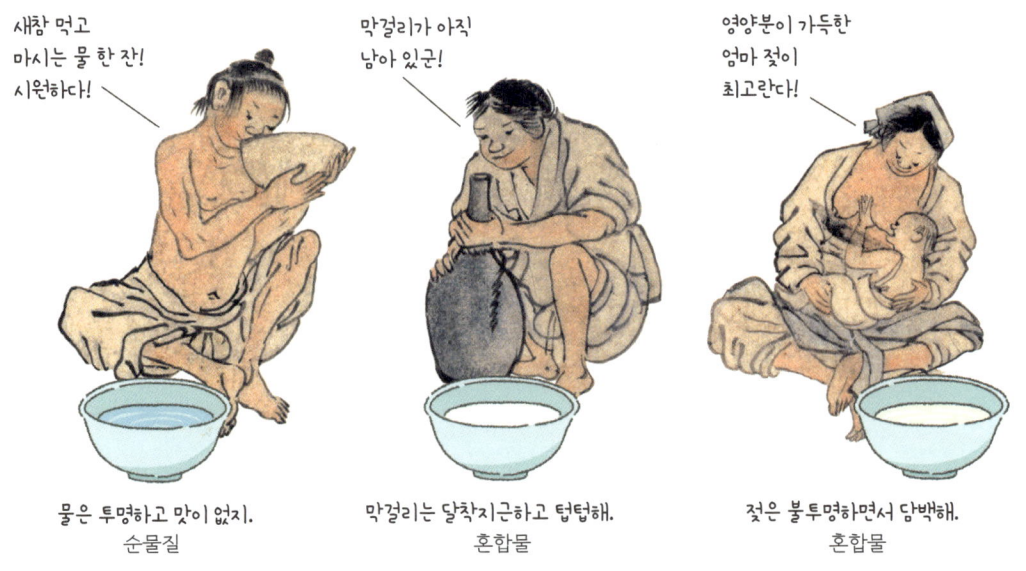

새참 먹고 마시는 물 한 잔! 시원하다!

막걸리가 아직 남아 있군!

영양분이 가득한 엄마 젖이 최고란다!

물은 투명하고 맛이 없지.
순물질

막걸리는 달착지근하고 텁텁해.
혼합물

젖은 불투명하면서 담백해.
혼합물

고체나 기체도 순물질과 혼합물이 있어. 숨을 쉴 때 꼭 필요한 공기는 산소나 질소 같은 여러 가지 기체가 섞여 있는 혼합물이야. 발에 채는 돌멩이는 여러 가지 광물이 섞인 혼합물이지. 순물질은 순물질대로 혼합물은 혼합물대로 우리 생활에 다양하게 사용되고 있어.

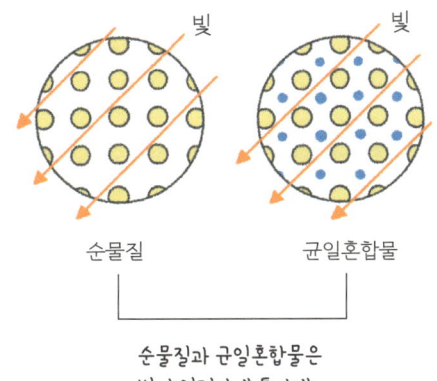

순물질과 균일혼합물은 빛이 일정하게 통과해.

불균일혼합물은 불규칙적인 입자가 빛이 통과하지 못하게 막지.

김치를 맛보면 매콤, 달콤, 고소한 맛까지 다양하게 느낄 수 있지? 여러 가지 물질이 섞여서 더 맛있는 맛을 낸 거야. 그림 속 사람들은 밥과 김치, 구운 생선, 나물 등 여러 가지 음식을 먹으며 다양한 맛을 함께 즐기고 있네. 조금 떨어져 앉은 검은 개는 엄마와 아이 쪽을 보고 있어. 광주리에서 맛있는 냄새가 나는 걸까? 얌전히 앉아서 기다리면 먹다 남은 음식을 주겠지? 모두가 행복한 새참 시간이네.

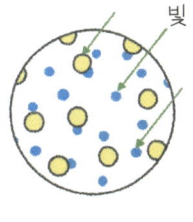

킁킁! 맛있는 냄새가 나는군!

5
책을 읽다 더우면 바람 좀 쐬어 볼까

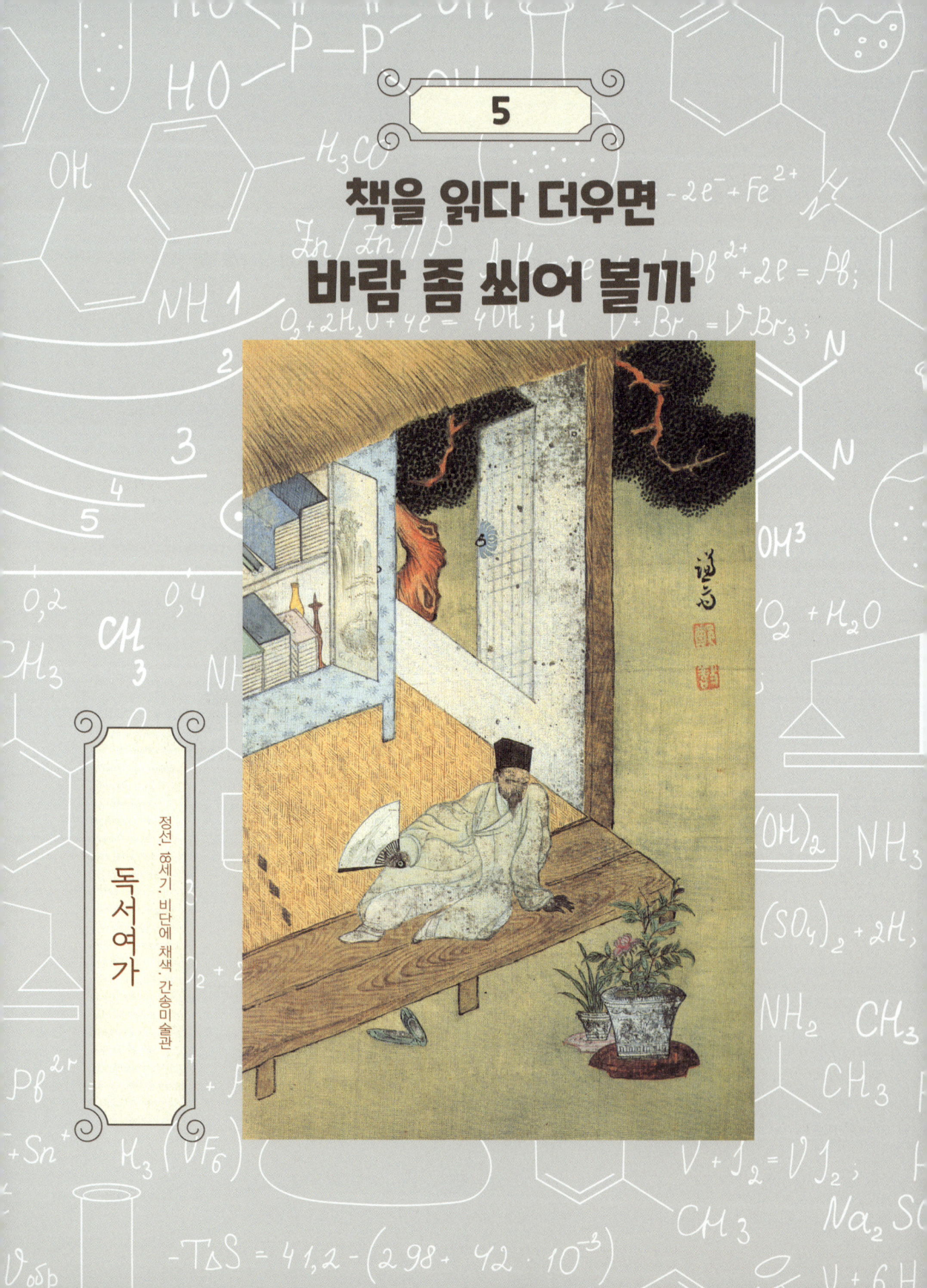

독서여가

정선, 18세기, 비단에 채색, 간송미술관

"흠흠."

비스듬히 앉은 선비와 화분의 붉은 꽃이 눈에 먼저 들어오는 그림이야. 볏짚으로 지붕을 이은 초가 툇마루에 선비가 편안하게 앉아 있어. 손에는 그림이 그려진 부채를 들고 마당에 있는 화분을 바라보고 있어. 꽃을 보느라 부채질하는 걸 잊은 듯해. 화분에는 난처럼 보이는 화초와 작약 같은 붉은 꽃이 한 송이 피어 있어.

〈독서여가〉는 책을 읽다가 잠시 쉰다는 의미야. 방 안에는 책이 꽂힌 책장이 보여. 여러 권의 책을 하나로 묶어서 보관했어. 포갑이라고 하는 전통적인 보관 상자야. 책을 읽다가 잠시 쉰다고 하기에는 책이 너무 가지런하게 정돈되어 있네. 책장에는 촛대와 화병도 보여. 촛대는 밤에 촛불을 켤 때 사용해. 전등이 없던 때라 밤에는 촛불이나 등잔불로 어둠을 밝혔어.

그런데 무척 더운 날인가 봐. 선비가 앉은 툇마루와 연결된 쪽은 문을 아예 떼어 낸 것처럼 보여. 그림에는 보이지 않지만 아마도 천장 쪽으로 들어 올려서 걸어 놓은 듯해. 전통 한옥은 문을 떼서 위로 올릴 수 있게 되어 있거든. 뒤틀리면서 자란 커다란 향나무가 있는 쪽으로도 창호 문이 열려 있어. 바람이 잘 통하게 하려고 열어 두었나 봐. 바람이 잘 불어오니 부채질하는 것도 멈췄겠지?

문을 열어 놓으면 바람이 왜 잘 불어올까?

문을 다 열어 놓고 툇마루에 앉아 있는 선비의 등 뒤에서는 바람이 불고 있을 거야. 어떻게 아느냐고? 그림을 보면 알지. 화분이 놓인 마당은 햇볕이 잘 드는 곳이야. 햇볕을 받으면 기온이 올라가서 따뜻해. 반면 큰 향나무가 있는 쪽은 그늘이 져서 시원해. 양쪽의 공기 온도가 다를 거야. 양쪽의 공기 온도가 다르면 어떻게 될까? 맞아, 바람이 불어. 온도가 낮은 쪽에서 온도가 높은 쪽으로 공기가 이동하거든. **온도가 높으면 공기의 밀도가 작아지고, 온도가 낮으면 공기의**

밀도가 커져. 공기 밀도가 큰 쪽은 압력이 커지고, 공기 밀도가 작은 쪽은 압력이 작아지지. 그러면 공기가 많은 쪽에서 적은 쪽으로 이동하는데, 그게 **바람**이야.

고기압인 곳에서 저기압인 곳으로 바람이 불어.

나무 그늘은 온도가 낮아. (고기압)

마당은 온도가 높아. (저기압)

문이 다 열려 있어서 방 안도 시원할 텐데 선비는 툇마루에 앉아 있어. 툇마루가 방 안보다 시원하기 때문일 거야. 왜 툇마루가 방 안보다 더 시원하냐고? 툇마루에도 비밀이 숨어 있어. 나무판과 나무판을 연결해서 그 사이에는 가는 틈이 있고, 툇마루 아래는 빈 공간이야. 이 둘 사이에 어떤 관계가 있을까? 맞아. 바람이 잘 통하게 만든 구조야. 툇마루 아래는 햇볕이 닿지 않아서 그늘이 생겨. 온도가 낮다는 의미야. 툇마루 위쪽은 반대로 온도가 높지. 해가

마루 위는 기온이 높아.

좁은 틈을 지날 때 바람의 속도가 빨라져.

마루 밑은 기온이 낮아.

비치니까. 툇마루 아래는 차가운 공기가 있고 툇마루 위는 따뜻한 공기가 있으니 바람이 불겠지? 틈이 너무 좁은데 틈으로 부는 바람이 얼마나 시원하겠냐고? 틈이 신의 한 수야. 바람은 좁은 곳을 지날 때 더 세게 지나가거든. 툇마루의 틈을 바람이 지나갈 때 열을 빼앗으면서 더 빨리 지나가기 때문에 툇마루가 시원한 거야. 선풍기나 에어컨이 없어도 시원한 여름을 보낼 수 있지. '바늘 구멍으로 황소바람 들어온다.'는 속담이 떠오르네. 겨울에 찬 바람이 세게 불 때 문에 작은 틈이 있다면 어떻게 될까? 찬 바람이 작은 틈으로 세게 몰려 들어오면서 더 추워지겠지?

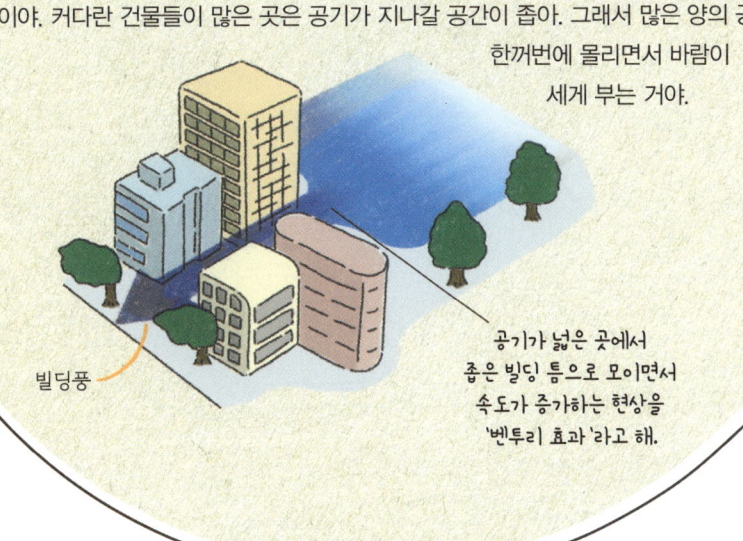

좁은 틈으로 지나는 바람을 느껴 봐!

입을 벌리고 '하' 하고 불어 봐. 그리고 입을 작게 오므리고 '후' 하고 불어 봐. 어때? 입을 작게 오므리고 불수록 바람이 세지지? 그리고 입을 작게 오므릴수록 바람이 더 시원해져. 공기가 좁은 공간을 빠져나가면 갑자기 부피가 커져서 주변의 열을 빼앗아. 그리고 속도도 더 빨라져. 그래서 주변 온도가 낮아져. 뜨거운 음식을 먹을 때 '하' 하고 입을 벌리고 불지 않고, '후' 하고 입을 오므리고 부는 이유야. 커다란 건물들이 많은 곳을 지날 때 바람이 세게 불지? 건물이 별로 없는 곳은 바람이 덜 불고 말이야. 커다란 건물들이 많은 곳은 공기가 지나갈 공간이 좁아. 그래서 많은 양의 공기가 한꺼번에 몰리면서 바람이 세게 부는 거야.

빌딩풍

공기가 넓은 곳에서 좁은 빌딩 틈으로 모이면서 속도가 증가하는 현상을 '벤투리 효과'라고 해.

긴 옷을 입어도 안 더운 이유는 무엇일까?

선비는 사방관이라는 모자에 긴 두루마기까지 입었어. 햇볕이 뜨거운 한낮인데 얼마나 더울까? 선비가 입은 겉옷은 소매가 넓고 긴 중치막이야. 조선 시대에 선비나 도령이 주로 입었어. 여름에는 주로 모시나 사로 만들어 입었지. 모시는 모시풀에서 짜 낸 실로 만든 옷감이고, 사는 누에고치에서 짜 낸 실로 만든 얇고 가벼운 옷감이야. 가는 실로 얇고 성기게 짠 여름용 천은 구멍이 많고 몸에 달라붙지 않아서 바람이 잘 통해. 습기도 잘 흡수하지.

이렇게 입고 있으면 땀이 나도 증발이 잘 돼서 금방 말라. 직접 피부에 햇볕을 받는 것보다 옷감으로 막아 주니 덜 덥기도 하지. 여름에 햇볕이 따가울 때 팔에 토시를 끼고 다니는 사람들을 많이 보았지? 반소매를 입으면 뜨거운 햇볕을 직접 받아서 피부가 따갑고 화상을 입기도 해. 그래서 토시로 가리고 다니는 거야. 햇볕이 강할 때는 반소매보다 얇고 바람이 잘 통하는 긴소매가 오히려 시원해. 게다가 밝은 색 옷이 어두운 색 옷보다 더 시원하지. **흰색 옷은 햇빛을 반사해서**

열이 흡수되는 걸 막아 주거든. 선비가 입은 옷은 길지만, 폭이 넓고 여유가 있으니 햇볕은 막아 주고 바람은 잘 통해. 밝은 색 겉옷에 흰 바지를 입었으니 햇빛을 반사해서 열이 흡수되는 것도 막아 주고 말이야.

후텁지근할 때 습기는 어떻게 없앨까?

선비가 앉은 방의 벽은 황토로 발랐어. 나무로 만든 문에는 한지를 발랐지. 바닥에는 짚이나 대나무 살로 짠 대자리가 깔려 있네.

그림에도 사용한 것처럼 여름에 대나무 돗자리를 깔고 자면 시원해. 왜 그럴까? 대발을 엮어 만든 대자리는 가는 틈이 나 있어. 이 틈 사이로 바람이 잘 통하지. 게다가 대나무 표면에 있는 작은 구멍에서 땀 같은 수분을 흡수해 줘. 까슬까슬해서 들러붙지도 않고 습기도 막아 주니 습하고 더운 여름에 딱 좋은 물건이지.

우리나라는 여름에 습도가 높아서 다른 나라보다 더 덥고 힘들어. 습도가 높으면 왜 더 더울까? 습도는 공기 중에 수증기가 얼마나 들어 있는가를 나타내는 말이야. 습도가 높다는 건 공기 중에 수분이 많다는 거야. 더우면 우리 몸에서는 땀을 흘려.

습도가 높을 때

습도가 낮을 때

화학으로 옛 그림을 본다면 49

몸에서 나온 땀은 공기중으로 증발돼. 이렇게 **땀이 증발할 때는 몸의 열을 가져가.** 그래서 땀을 흘리면 우리 몸의 체온이 낮아져. 더울 때 땀을 흘린다는 건 체온을 낮추려는 우리 몸의 반응이지.

그런데 공기 중에 습도가 높으면 땀이 증발하기 어려워. 증발이 잘 일어나려면 습도가 낮아야 하거든. 땀이 증발되지 않으면 체온은 낮아지기 힘들고 그러면 몸은 더 덥게 느끼지. 그래서 습도가 높으면 체감 온도도 실제 기온보다 높아져. 습도가 낮고 기온이 높으면 땀이 증발해서 몸이 시원해지지만 습도가 높고 기온이 높으면 땀이 잘 증발하지 않아서 더 덥게 느껴지는 거야.

바람이 불면 시원한 건 바람이 불 때 땀이 잘 증발하기 때문이야. 그래서 에어컨에는 공기를 차갑게 해 주는 기능과 습기를 제거하는 기능이 같이 있어. 습기를 제거하고 시원한 공기를 내보내니 에어컨을 켜면 방 안이 시원해. 장마철에는 제습기로 집 안의 습기를 제거하기도 해.

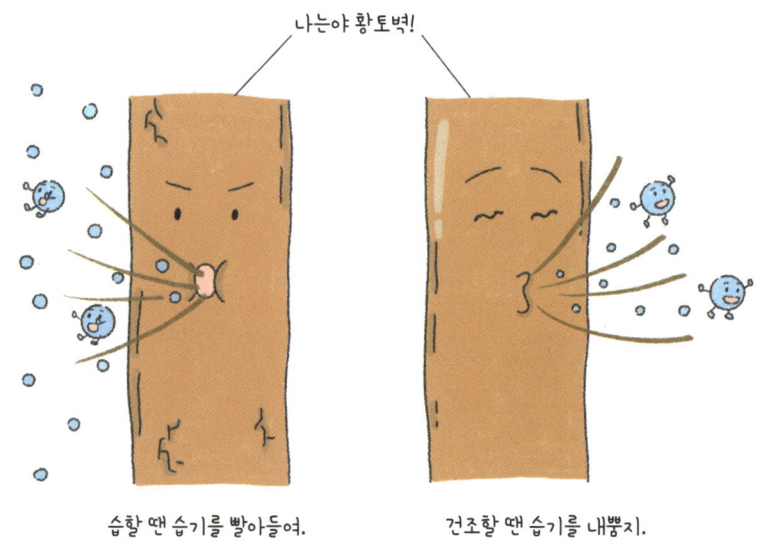

습할 땐 습기를 빨아들여.   건조할 땐 습기를 내뿜지.

옛날에는 제습기도 없는데 습도를 어떻게 조절했을까? 이 그림 속에서 답을 찾을 수 있어. 창호와 황토벽이 제습기 역할을 하거든. 한옥에서는 문과 창의 구분이 없어서 합쳐서 창호라고 하는데, 창호에 바른 종이가 창호지야. 창호지는 빛도 희미하게 새어 들어오고 공기도 통해. **황토벽과 창호지는 작은 구멍이 많아서 습하면 습기를 머금었다가 건조하면 습기를 내뿜으면서 방 안의 습도를 조절해 주지.** 활짝 열어 놓은 문으로는 쉽게 바람이 불어 들어오고 나가. 햇빛은 지붕과 처마가 막아 주고 있군. 황토벽과 창호는 습기를 조절하지. 그러니 집 안의 온도는 시원하게 유지되고 습도도 낮게 유지될 수 있는 거야.

선비가 비스듬하게 기울인 모습을 보니 나도 모르게 마음이 편안해지네. 따뜻한 햇볕이 내리쬐는 오후에 바람이 살랑살랑 불면 낮잠이 솔솔 올 것 같아.

더운 여름이지만 여기에 앉아 있으면 시원해서 잠이 솔솔 오는군!

화학으로 옛 그림을 본다면

6

불을 다루는 일은 호흡이 잘 맞아야 해

대장간
김득신, 18세기, 종이에 옅은 채색, 간송미술관

"탕, 탕, 탕."

대장간에서 연장을 만들고 있나 봐. 대장간은 쇠로 된 농기구를 만드는 곳이야. 여기서 금속을 달구고 두드려서 연장이나 기구를 만드는 사람을 대장장이라고 해. 이 그림은 김득신이 그린 풍속화야. 김득신은 조선 후기의 화가로, 도화서 화원 집안 출신이야.

지붕과 기둥 사이에 우뚝 솟아 있는 건 화로야. 흙으로 쌓은 화로의 네모난 구멍으로 시뻘건 불길이 보여. 쭈그리고 앉아 있는 사람은 모루 위에 얹은 붉은 쇳덩이를 집게로 잡고 있어. 쇳덩이를 얹은 원통형 기둥이 모루야. 메를 든 사람은 더운지 한 명은 윗옷을 벗었고, 한 명은 앞을 풀어헤쳤네. 큰 망치를 메라고 해. 한 사람은 메로 쇳덩이를 두드리고 있고, 다른 사람은 메를 뒤로 넘기고 쇠를 치려 하네. 뒤에서는 소년이 구경하고 있군.

그런데 집게를 잡은 사람의 표정이 재밌어. 마치 우리를 쳐다보는 느낌이야. 사진을 찍은 것처럼 생동감이 느껴지는 그림이지. 이런 면이 김득신 풍속화의 뛰어난 점이야.

그림 속 사람들은 아마도 노래를 부르며 박자에 맞춰서 망치질하고 있을 거야.

메를 든 두 사람이 쇳덩이를 두드리는 이유는 무엇일까?

그림을 보면 집게로 잡은 빨간 쇳덩이가 가장 눈에 띄어. 뜨겁게 달궈서 빨갛게 변한 듯해. 쇠는 금속들을 합쳐서 부르는 말이기도 하지만 주로 철을 의미해. 철은 1,538도에서 녹아. 하지만 그림 속 화로는 1,000도에서 1,200도 정도까지만 온도를 올릴 수 있어. 그러니 쇳덩이가 녹지는 않고 물러지기만 했을 거야.

그렇게 물러진 쇳덩이를 두 사람이 메를 들고 힘차게 내려치고 있어. 쇳덩이를 달궈서 물러지면 두드려서 원하는 모양으로 만들 수 있거든. 지금 두 사람은 온몸에서 땀이 흠뻑 날 정도로 메질을 하고 있어. 쇳덩이가 식기 전에 메질을 빨리 해야 하거든. 혼자 두드리는 것보다 둘이 두드리는 게 더 빠르겠지? 서로

화학으로 옛 그림을 본다면

부딪히지 않게 박자를 맞춰 가면서 말이야. 그런데 쇠는 열을 받으면 왜 물러질까? 쇠는 열을 받으면 부피가 늘어나. 그리고 열을 잃으면 부피가 줄어들어. 이렇게 **물체의 온도가 높아짐에 따라 길이와 부피가 늘어나는 현상을 열팽창**이라고 해.

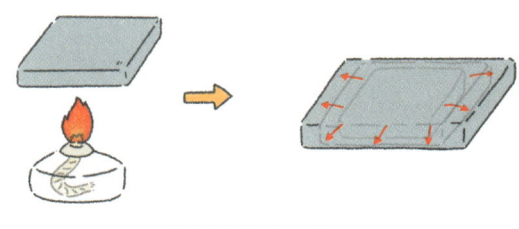

물질에 열을 가하면 길이나 부피가 늘어나.

   기차를 타고 철로를 달리면 덜컹거리는 걸 느낀 적이 있지? 철로가 중간중간 끊어져 있기 때문이야. 한번에 쭉 연결하지 않고 왜 끊어 놓았을까? 열팽창에 대비하기 위해서야. 여름에 철로가 뜨겁게 열을 받으면 길이가 늘어나거든. 미리 철로를 중간중간 끊어 놓으면 철로의 길이가 늘어나도 그 틈만 메울 뿐 휘어지지 않지. 만약 하나로 쭉 연결되어 있다면 철로가 늘어나면서 휘어져서 기차가 다닐

고체의 열팽창_철로

액체의 열팽창_온도계

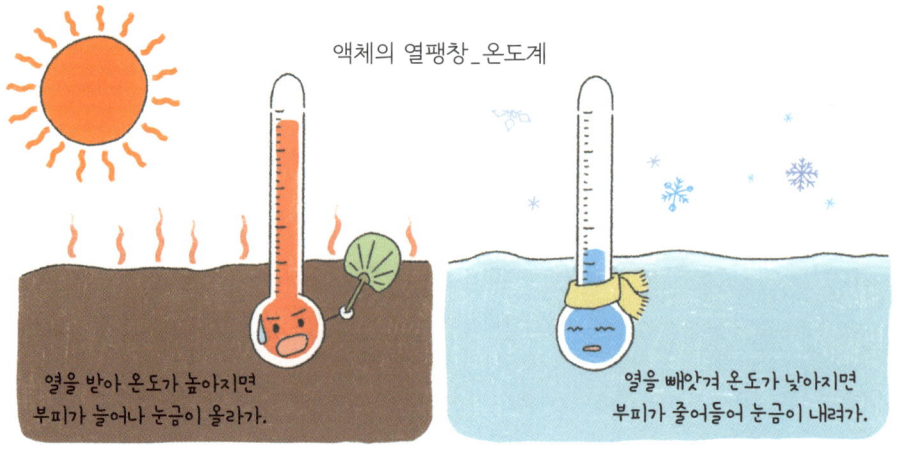

수 없게 될 거야. 여름에 전깃줄이 축 늘어졌다가 겨울에는 팽팽하게 당겨져 있는 것도 열팽창 때문이야.

온도가 올라가면 물질은 왜 팽창할까? **물질을 이루는 입자들의 운동이 활발해져서 입자들 사이가 멀어지기 때문이야.** 입자들 사이 거리가 멀어지니 물체의 길이나 부피가 커지는 거야. 쇠를 가열하면 쇠를 이루는 입자들 사이가 멀어져서 쇳덩이 모양을 쉽게 바꿀 수 있어. 그런 상태에서 그림 속 대장은 집게로 쇳덩이를 이리저리 움직이며 원하는 모양을 만들지.

뜨거운 화로 옆에서 달궈진 쇳덩이를 두드리느라 모두 땀에 젖어 있어. 뜨거운 쇳덩이를 다룰 때는 화상을 입을 수 있으니 되도록 긴 옷을 입고 작업을 해야 해. 그런데도 윗옷까지 벗은 걸 보면 정말 더운가 봐. 화로 옆에 서 있는 소년은 두 팔로 팔짱을 끼고 구경하고 있네.

맨눈으로 확인해 보는 분자 운동 1

찌그러진 탁구공을 뜨거운 물에 넣어 봐. 잠시 후에 원래대로 동그랗게 펴지는 걸 볼 수 있어. 왜 그럴까? 탁구공을 뜨거운 물에 넣으면 안의 공기가 열을 받아서 부피가 늘어나. 공기 알갱이들이 자유롭게 움직이면서 차지하는 공간이 커졌기 때문이야. 이렇게 부피가 늘어나니 찌그러진 부분이 펴진 거지. 또 온도계의 볼록한 부분을 손으로 꼭 잡아 봐. 온도계 눈금이 올라가지? 온도계 안에 있는 액체가 열을 받으면서 부피가 커져서 눈금을 따라 올라간 거야.

찌그러진 탁구공

물질의 성질을 가진 가장 작은 알갱이를 분자라고 해.

열을 받으면 분자 운동이 활발해지지.

팽팽한 탁구공

화학으로 옛 그림을 본다면 55

화로 옆에 있는 소년은 무엇을 하는 걸까?

소년은 줄에 메단 막대에 몸을 기대고 있어. 마치 구경하는 것처럼 보이지만 놀고 있는 건 아니야. 지금 발로 열심히 풀무질하고 있지. 풀무는 불을 피울 때 바람을 일으키는 도구야. 발로 풀무를 밟으면 공기가 화로 안으로 들어가. 화로에 공기를 공급하여 불이 세게 타도록 하지. 그러면 화로 안의 온도가 더 높아져. 화로 중간 네모난 구멍 위에 뚜껑이 열린 게 보이지? 공기가 움직이고 있는 거야.

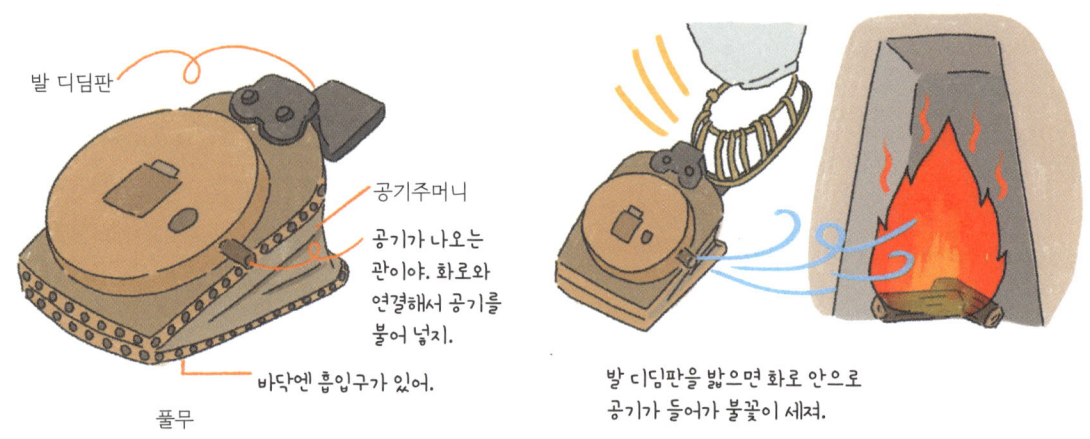

장작을 넣은 화로에 산소를 계속 공급하면 불이 세게 타면서 온도를 더 높일 수 있어. 철을 물러지게 하려면 온도가 아주 높아야 하니 말이야. 소년이 열심히 풀무질을 하는 건 화로 안의 온도를 1,000도가 넘게 하기 위해서야. 대장간에서는 불 조절이 아주 중요하거든. 잠깐 노는 것처럼 보이는 건 메질을 해서야. 메질하는 동안 불이 꺼지지 않게 적당히 풀무질하다가 다시 달굴 때는 땀이 나도록 열심히 풀무질을 해야 할 거야.

쇠를 왜 여러 번 두드릴까?

집게를 잡은 대장의 오른쪽에는 기다랗고 속이 파인 나무 물통이 있네. 대장간에서 하는 작업은 화로에서 쇠를 달구는 과정인 불림, 망치로 두드려 모양을

만드는 메질, 그리고 물에 식히는
담금질이 있어. 도끼나 낫을
만들려면 먼저 적당한 쇳덩이를
화로에 넣어서 달궈야 해. 그리고
뜨거운 쇳덩이를 메로 쉴 새
없이 두드려서 모양을 만들지.
그리고 옆에 있는 물통에 넣어.
그러면 뜨거운 쇳덩이가 식어.
이제 작업이 끝났냐고? 그럴
리가. 대장은 식은 쇳덩이를 다시

1. 불림 : 화로에 쇠를 달구는 과정
2. 메질 : 메로 두드리는 과정
3. 담금질 : 물에 식히는 과정

화로에 넣어. 달궈서 또 두드리고 식혀. 계속 달구고 두드리고 식히지. 왜 계속
반복하느냐고? 이렇게 메질과 담금질을 여러 번 해야 쇠가 원하는 모양이 되면서
더 단단해지거든.

빵 반죽을 하는 것과 같아.
두드리고 치대서 부풀리고 다시
또 두드리고 치대지. 그러면
반죽 안의 기포도 빠지고 반죽이
잘되잖아? 쇠도 메질과 담금질을
번갈아 해서 강하게 만들어. 쇠의
강도를 조절하는 건 쉽지 않아서

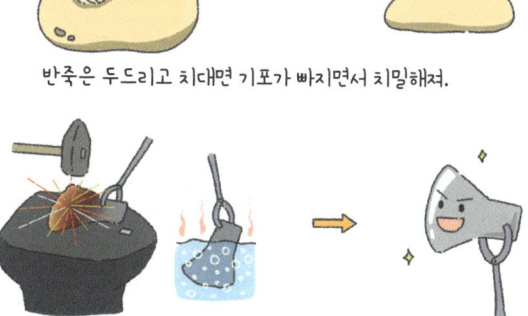

반죽은 두드리고 치대면 기포가 빠지면서 치밀해져.

쇠도 메질, 담금질을 반복해야 압축되고 단단해져.

경험이 많은 사람이 맡아서 해야 해. 대장이 적당한 때에 불림, 메질, 담금질을
모두 조절하고 있는 거야. 그러니 바로바로 움직이기 편하게 화로와 물통 사이에
앉아서 작업을 하는 거야. 이렇게 쪼그리고 앉아서 집게를 쥐고 있으니 허리가
정말 많이 아플 거야. 그래도 서로 응원하면서 힘들지만 신나게 일을 하지 않을까?

7

값비싼 금가루로 그린 정교한 산수화

니금산수도 - 만학쟁류

전 이징. 17세기. 비단에 금니 채색. 국립중앙박물관

"쏴아아."

    얼핏 보면 먹구름이 가득하고 물살이 마구 소용돌이치는 것처럼 보여. 하지만 자세히 들여다보면 달라. 지금까지 봐 온 그림과는 느낌이 많이 다르지? 비단에 먹물을 들여서 까맣게 만들고 그 위에 금가루로 그린 그림이야.

    그런데 무엇을 그렸는지 잘 모르겠다고? 그러면 자세히 들여다볼까. 우선 그림 위쪽에 뭉게구름처럼 보이는 건 우뚝 솟아 있는 산봉우리들이야. 구름에 가려서 윗부분만 둥둥 떠 있는 것처럼 보이지. 봉우리 사이로 보이는 물결무늬는 구름을 표현한 거야. 그림 한가운데는 커다란 소나무가 서 있고, 소나무 양옆으로 누각이 하나씩 있어. 왼쪽 누각 안에는 앉아서 물을 보고 있는 한 사람이 있군.

    벼랑 아래에는 두 척의 배가 떠 있네. 한 배에는 마주 보고 있는 두 사람과 노를 젓고 있는 사공이 있어. 다른 배에는 모여 앉은 세 사람과 노 젓기를 멈추고 세 사람을 바라보는 사공이 있어. 물결은 잔잔하게 일렁이는군. 소나무 꼭대기 왼쪽에 나무와 수풀 사이로 가려진 마을이 보여. 물가에는 배가 하나 묶여 있어. 마을 위쪽으로 안개가 껴 있나 봐.

    누각이 있는 절벽을 따라 아래로 내려오면 짐을 짊어지고 가는 사람이 한 명 보여. 그 아래 다리 위에서는 말을 탄 사람이 건너고 있군. 오른쪽 아랫부분엔 계곡을 따라 물이 굽이굽이 흘러. 물살이 꽤 센지 다리 가까이 물보라가 보여. 금가루 그림이 참 재미있지?

금가루로 어떻게 그림을 그렸을까?

    그림을 살펴보면 노란 선을 가늘게 그은 듯도 하고 톡톡 점을 찍은 듯도 해. 나무줄기나 잎, 건물의 선, 배와 사람까지 가느다란 붓끝으로 섬세하게 표현해 놓았어. 우아, 뭉친 곳이 하나도 없네. 미술 시간에 반짝이 가루로 그림을 그려

본 적이 있니? 아마 그리고 싶은 부분에 풀을 칠하고 반짝이 가루를 뿌렸을 거야. 풀이 마르면 반짝이 가루가 붙어서 그림이 반짝거려. 그런데 반짝이 가루를 이쑤시개에 살짝 묻혀서 그려도 여기저기 묻고 생각처럼 깔끔하게 그려지진 않았을 거야. 금가루로 그림을 이렇게 정교하게 그리다니 놀랍지?

　이 그림은 금가루를 뿌려서 그린 건 아니고 **금가루를 아교 풀에 섞어서 만든 안료**인 금니로 그린 거야. 아교는 접착제로 쓰이는 물질이지. 금가루를 풀물에 탄 거라고 생각하면 돼. 아주 가는 붓으로 금니를 묻혀서 천에 그리면 물기는 증발하고 금가루는 아교 때문에 천에 달라붙어. 완성된 그림을 보면 금니로 그린 선이 가늘어서 마치 금속판을 날카로운 칼끝으로 살짝 긁은 것 같은 느낌이야.

　금니로 그림을 그릴 땐 정말 조심해야 해. 말라붙은 아교를 다시 떼어 내긴 어렵거든. 잘못 그리면 수정하기 어려워서 그림을 아주 잘 그리는 사람만 금니를 이용할 수 있었어. 비싼 금가루를 낭비할 순 없으니까.

아교 풀에 금가루를 섞은 금니야.

먹물을 들인 비단에 가는 붓으로 그림을 그려.

　금니는 원래 고려 시대까지 불경이나 불화를 제작할 때 주로 쓰던 재료야. 금니로 화려하면서 웅장하고 신비로운 느낌을 만든 거지. 조선 시대에는 불교가

쇠퇴했기 때문에 금니로 불화를 그리는 일이 줄어들었어. 대신 왕실과 상류층에서 그림을 그리는 데 사용했어. 금가루는 비싸서 아무나 쓸 수 없었으니까. 이 그림을 그린 이징은 조선의 9대왕 성종의 내손(5대손)으로, 왕의 친척이면서 인조가 아끼는 화가였어. 다른 화가들도 금니로 화려한 그림을 그리고 싶어했어. 하지만 형편이 안 돼서 노란 송홧가루를 금니 대신 사용했다고 해.

그림을 좀 더 들여다봐. 구름 사이로 솟은 산봉우리들에 나무들이 짧은 선으로 그려져 있어. 구름에 가려진 부분은 보이지 않아. 물안개에 가려진 갈대밭도 흐릿하고 말이야. 안개와 구름이 풍경을 군데군데 가리고 있어.

안개와 구름은 어떻게 다를까?

물가의 갈대밭을 점점 흐릿하게 그린 건 물안개, 산봉우리만 떠 있는 것처럼 보이게 한 건 구름이야. 어떻게 구분하느냐고? 구름과 안개는 만들어지는 곳이 다르니 알 수 있지. **구름은 하늘 높이 있고, 안개는 지표면 가까이에서 볼 수 있으니까.** 모두 공기 중의 수증기가 작은 물방울이 되어 공기 중에 떠 있는 점은 같아.

높은 산에 올라가서 주위를 둘러본 적이 있니? 구름에 가려서 아래 풍경이 안 보일 때가 있어. 하얀 구름 위로 올라온 산봉우리만 보이지. 구름이 걷혀야만 산

아래의 멋진 풍경을 볼 수가 있어. 이른 아침의 호숫가는 어때? 뿌옇게 안개가 껴서 주위가 잘 보이지 않지. 하지만 해가 뜨고 따뜻해지면 안개는 언제 있었냐는 듯이 사라져.

안개나 구름은 모두 수증기가 응결해서 생긴 거야. **응결**은 **수증기가 물방울이 되는 것**을 말해. 응결이 일어나려면 공기 중에 수증기가 많아야 하고, 기온은 이슬점 온도에 도달해야만 하지. 이슬점은 공기 중의 수증기가 포화 상태가 되어 응결이 시작되는 온도야. 수증기는 우리 눈에 안 보이니 수증기만 있다면 눈앞이 뿌옇지는 않을 거야. 수증기가 응결한 작은 물방울들이 공기 중에 떠 있을 때 앞이 잘 안 보이지. 작은 물방울이 잔뜩 있으면 빛이 제대로 통과하지 못하거든.

이른 아침에 나뭇잎에 이슬이 맺혀 있는 걸 본 적이 있니? **이슬도 수증기의 응결 현상**이야. 공기 중의 수증기가 차가운 나뭇잎에 닿으면서 열을 빼앗겨 물방울로 변한 것이지.

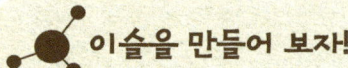

이슬을 만들어 보자!

저울 위에 접시를 놓고 그 위에 차가운 음료가 담긴 컵을 놓아. 시간이 지나면서 어떤 변화가 일어나는지 확인해 봐. 시간이 지날수록 컵 표면에 물방울이 맺히고 점점 커져. 주르륵 흘러서 접시에 물이 고이지. 이때 컵의 무게를 재면 늘어나 있어. 공기 중의 수증기가 물로 변해서 컵 표면에 붙어서야. 수증기가 응결하면 이슬, 구름, 안개가 만들어져. 그중 이 실험은 이슬이 만들어지는 원리야. 이슬은 찬 물체와 닿았을 때 물체 표면에서 만들어지지.

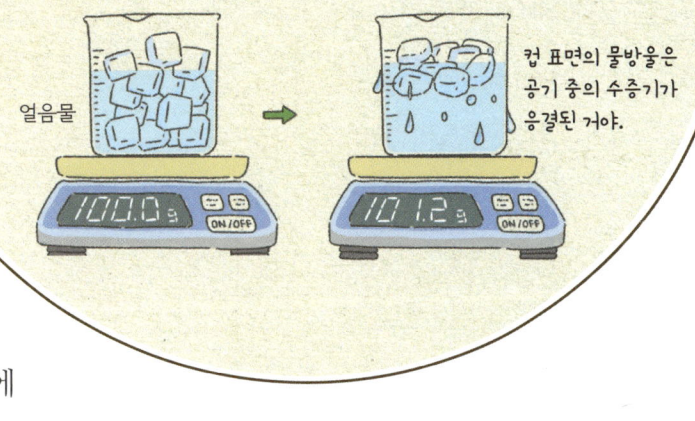

컵 표면의 물방울은 공기 중의 수증기가 응결된 거야.

이슬은 수증기가 차가운 잎 표면에 닿으면서 열을 잃고 물로 변한 거야.

화학으로 옛 그림을 본다면

그림에서처럼 물안개가 피어오르는 시간이면 아침이겠네. 아침부터 누각을 향해 가는 선비는 무슨 일로 가는 걸까? 왼쪽 누각에 있는 사람처럼 누각에서 지내면서 쉬려는 건지도 몰라. 가운데 커다란 소나무 말고도 오른쪽 누각 앞에 커다란 소나무 가지가 뻗어 있어. 그런데 소나무 가지에 주렁주렁 뭔가가 늘어져 있어. 덩굴식물이 소나무를 감고 올라갔나 봐. 저렇게 감겨 있어도 소나무는 괜찮을까?

덩굴식물이 소나무를 감으면 어떻게 될까?

소나무의 가지를 감싸고 주렁주렁 늘어진 건 칡일 거야. 칡 같은 덩굴식물은 줄기가 위로 곧게 자랄 수 없어서 옆에 있는 기둥을 의지해서 살아가. 주변에 있는 키 큰 나무를 감고 올라가지. 그래야 햇빛을 받아서 광합성을 할 수 있거든.

광합성은 **식물의 잎에 있는 엽록체에서 빛에너지를 이용해 물과 이산화 탄소로 양분을 만드는 과정**이야. 광합성을 하면 양분과 산소가 만들어져. 이 양분은 식물이 성장하고 열매를 만드는 데 사용돼. 산소는 모든 생물이 호흡하는 데 사용되고 말이야.

식물이 광합성을 못한다면 양분과 산소를 얻을 수 없어서 생물 대부분이 죽게 될 거야. 광합성은 식물 자신과 주변

생물들에게 모두 중요한 일이지.

그런데 광합성이 일어나려면 빛이 충분히 있어야 해. 그러니 덩굴식물은 키 큰 나무를 감고 올라가서 자신의 넓은 잎을 햇빛을 향해 펼치는 거야. 소나무 입장에서 덩굴식물이 넓은 잎을 펼치고 있으면 어떻게 될까? 햇빛을 가려서 필요한 햇빛을 받기 어려워질 거야. 덩굴식물이 감싼 나무는 광합성을 제대로 하지 못해서 점점 시들지. 수풀을 자세히 본 적이 있다면 덩굴식물이 감겨 있는 나무가 죽은 걸 본 적이 있을 거야. 어쩌면 그림 속 커다란 소나무도 얼마 안 있으면 시들어 버릴지도 몰라.

에고, 덩굴식물 때문에 못 살겠어!

어서 감고 올라가서 햇빛을 맘껏 받아야지.

누각에 앉은 사람은 배 타는 사람들을 바라보고 있어. 활짝 열린 창으로 바람이 시원하게 들어올 거야. 누각에 있는 사람은 아래 풍경을 보며 그림을 그리고 있는지도 몰라. 물 쪽을 보며 팔을 뻗고 몸을 구부리고 있으니 말이야. 물에 먹을 갈아서 만든 먹물을 붓에 묻히고 있나 봐. 고개를 들고 팔을 뻗은 자세가 마치 그림을 그리는 것처럼 보여. 저 사람도 금가루 대신 노란 송홧가루로 그림을 그리고 있는 건 아닐까?

화학으로 옛 그림을 본다면

8

음식 냄새가 폴폴, 사람을 이끄는 곳

주막(주사거배)
신윤복, 18세기, 종이에 채색, 간송미술관

"한 잔 더 주시오."

　기와와 담 너머로 보이는 곳에 사람들이 모여 있네. 〈주사거배〉라는 제목의 이 그림은 술집에서 술 한 잔을 하는 모습을 담았어. 조선 시대의 술집을 그린 그림인데, 손님이 서서 마시는 걸로 보아 선술집인 듯해.

　빨간 옷을 입은 사람은 젓가락으로 안주를 집으려나 봐. 갓을 쓴 두 사람은 뒤에 서 있네. 뒤쪽 사람은 벌써 술에 취한 것 같아. 좀 떨어져 있는 두 사람은 이제 오는 것 같군. 갓을 쓰고 푸른빛의 두루마기를 입은 사람이 부뚜막 쪽을 가리키고 있어. 한 손으로 두루마기를 걷은 걸 보면 돈주머니라도 찾는 걸까. 뾰족한 모자를 쓴 남자는 마치 안내하듯이 오른손을 들었네.

　파란 치마를 입은 주모 옆에 한쪽으로 머리를 묶은 남자가 서 있어. 주막에서 일하는 사람인 것 같아. 영조 때는 금주령을 강하게 시행했는데 정조 때는 느슨하게 풀리면서 한양에 술집이 많이 생겼대. 그림을 그린 건 정조 때인가 봐.

　진달래꽃이 활짝 핀 걸로 보아 봄날이네. 꽃샘추위에 몸이 으슬으슬하니 다들 따끈한 술 한잔이 생각난 걸까? 주모는 가마솥 옆에 앉아서 국자로 무엇인가 뜨고 있군. 주모 앞의 가마솥 안에서는 어떤 음식이 끓고 있을지 궁금하군!

음식이 맛있어지는 가마솥의 원리는 무엇일까?

　대청마루엔 삼층 찬장과 쌀뒤주가 보여. 뒤주 위에는 여러 가지 그릇이 놓여 있어. 보기 좋게 잘 정리되어 있네. 주모는 한껏 멋을 부렸어. 당시 유행인 다리머리를 하고 풍성한 파란 치마에 끝동이 파란 저고리를 입었군. 주모 옆에 있는 선반에는 그릇이 엎어져 있어. 아마도 가마솥에서는 안주로 낼 술국이 끓고 있지 않을까.

　혹시 가마솥 뚜껑을 손으로 들어 본 적 있니? 한 손으로 들기엔 엄청 무거워.

뚜껑 무게가 전체 솥 무게의 3분의 1을 차지할 정도래. 이렇게 들기도 무거운 가마솥에다 왜 음식을 할까? 그건 가마솥에 끓이면 더 맛있기 때문이야. 무거운 가마솥 뚜껑이 음식을 맛있게 하는 마법을 부린다고 할 수 있지.

뚜껑을 닫고 국 끓이는 걸 본 적이 있니? 국이 끓으면 뚜껑이 덜컹덜컹 움직이면서 국물이 밖으로 흘러 넘쳐. 뚜껑이 누르는 힘보다 수증기가 밀고 나오는 힘이 크기 때문이야. 보통 냄비 뚜껑이나 주전자 뚜껑에는 수증기가 잘 빠져나오도록 구멍이 뚫려 있어. 그런데 뚜껑이 무겁고 구멍도 없다면 어떻게 될까? 수증기가 미는 힘과 솥 안의 공기가 미는 힘이 합쳐져서 솥 안의 압력이 높아지지. **압력이 높아지면 물의 끓는점이 올라가.** 끓는점은 액체가 기체로 상태가 변하는 동안 일정하게 유지되는 온도로, 물질마다 달라.

높은 산에서 물을 끓여 본 적이 있니? 안 끓여 봐도 안다고? 맞아. 물이 잘 안 끓어서 밥은 설익고 라면도 잘 안 익어. 그건 높이 올라갈수록 기압이 낮아지기 때문이야. 기압이 낮아지면 물의 끓는점도

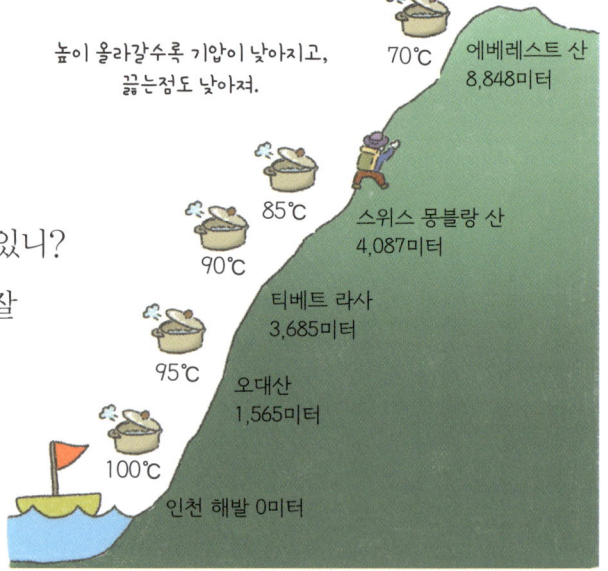

낮아져서 음식이 잘 익지 않지. 물이 수증기로 변할 때 열을 많이 써서 음식이 충분히 익을 만큼 열을 받지 못하거든.

반대로 압력이 높아서 물의 끓는점이 높아지면 음식이 더 잘 익겠지? 물이 끓기 전에 받는 열을 음식이 익는 데 쓸 수 있으니까 말이야. 가마솥은 둥그렇게 생겨서 열이 입체적으로 전달돼. 열을 가장 먼저 받는 바닥 부위는 두껍고 가장자리는 얇게 만들어서 열이 고르게 전달돼. 그러면 음식이 골고루 익지. 게다가 가마솥은 두꺼워서 온도 변화가 서서히 일어나고 한번 열을 받으면 오랫동안 식지 않아. 그러니 가마솥에 음식을 하면 더 맛있게 되겠지?

중탕하는 이유는 무엇일까?

주모가 국자로 뜨고 있는 건 따뜻하게 데운 술일 거야. 가마솥 안의 뜨거운 물에 데운 듯해. 중탕이지. 그런데 주모는 왜 술을 데우는 걸까? 술은 알코올 성분이 들어 있어서 마시면 취해. 알코올이 몸을 둔하게 만들거든. 술을 데우면 알코올 성분이 좀 날아가서 순해지고 마실 때 향을 더 진하게 느낄 수 있어. 꽃이나 곡식으로 만든 술에는 알코올 냄새 말고 특유의 향이 있지. 주모는 기분 좋게 향을 즐기며 마시라고 술을 중탕한 거야.

중탕은 가열하려는 물질이 담긴 그릇을 물에 올린 뒤 물을 가열해서 그 안에 있는 물질을 데우는 방법이야. 중탕을 하면 간접적으로 음식을 익혀서 타거나 눌어붙지 않아. 술을 중탕으로 데우면 끓는 물의 열로 그릇을 데우고 그 열로 안에 든 액체를 데우기 때문에 따끈하게 먹을 수 있어. 알코올은 끓는점이 낮아서 직접 끓이면 갑자기 끓어올라서 위험하거든. 불이

물이 뜨거워지면 그 열로 작은 용기 안의 물질이 데워져.

화학으로 옛 그림을 본다면 69

잘 붙는 물질이라서 직접 가열하다간 불이 날 수도 있고 말이야. 계란찜 같은 요리도 부드럽게 골고루 잘 익으라고 중탕으로 하지.

붉은 옷을 입은 사람의 손 모양을 보니 안주를 집으려고 젓가락을 막 든 것 같아. 왼손잡이인 걸까? 앞에 놓인 작은 그릇들에는 안주가 놓여 있을 거야. 육포, 어포, 너비아니, 산적, 생선 등 맛있는 냄새가 골목에 진동하지 않을까. 어쩌면 나중에 온 두 사람은 음식 냄새에 이끌려 이곳으로 온 걸지도 몰라.

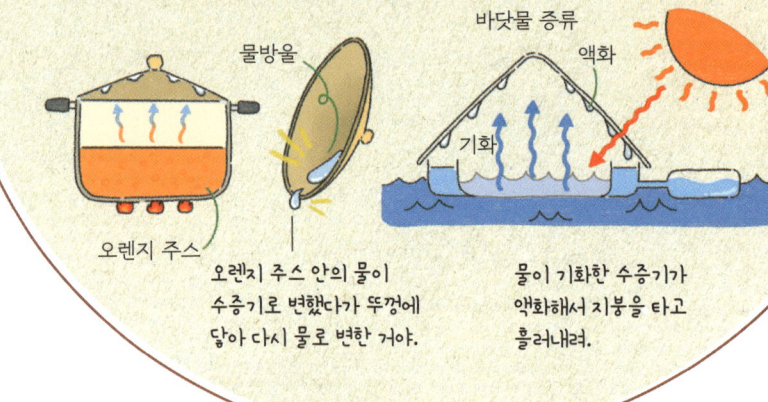

끓는점 차이로 물질을 분리해 봐!

냄비에 과일 주스를 넣고 투명한 뚜껑을 덮어. 뚜껑이 뿌옇게 흐려졌다가 다시 투명해질 때까지 끓인 후 불을 꺼. 식은 후에 안전하게 장갑을 끼고 뚜껑을 뒤집어 봐. 뚜껑에 물방울들이 많이 맺혀 있지? 색과 맛을 느껴 봐. 과일 주스와 다르게 무색에 맛도 없어. 과일 주스에서 나온 수증기가 변한 물이거든. 기체로 변한 수증기가 뚜껑에 닿으면서 다시 액체로 변한 거야. 이 방법을 이용하면 짠 바닷물에서 식수를 얻을 수 있어.

오렌지 주스 안의 물이 수증기로 변했다가 뚜껑에 닿아 다시 물로 변한 거야.

물이 기화한 수증기가 액화해서 지붕을 타고 흘러내려.

냄새는 어떻게 맡는 걸까?

일을 보느라 돌아다니던 사람들이 술집으로 온 건 고소한 술국 냄새를 맡았기 때문일 거야. 맛있는 냄새가 나면 나도 모르게 고개를 돌리지.

물질의 특성 중에는 냄새가 있어. 우리 코는 약 1만 개의 냄새를 구분할 수 있대. 냄새 분자들이 사방으로 날아가는데, 냄새를 맡는다는 건 그중 일부가 코 안으로 들어오는 거야. 이 냄새 분자가 코에 있는 냄새 수용기에 닿으면 연결된 후각 신경이 뇌로 신호를 보내서 무슨 냄새인지 구별해 내지. 화장실 냄새도 냄새 분자가 내 코로 들어오는 거야. 그러니 나쁜 냄새가 나면 바로 코를 막아야 해. 안 그러면 나쁜 냄새를 가진 분자가 코 안으로 들어와서 잔뜩 달라붙을 테니까.

물질 가운데 어떤 건 냄새가 강하고 어떤 건 냄새가 덜 나. 그건 분자의 종류에 따라서 코에 있는 냄새 수용기와 더 강하게 붙는 분자가 있고 덜 붙는 분자가 있기 때문이야. 그리고 냄새나는 물질이 가까이 있으면 냄새가 더 진해지지? 그건 냄새 분자가 많아서 그만큼 코의 냄새 수용기에 많이 달라붙어서야.

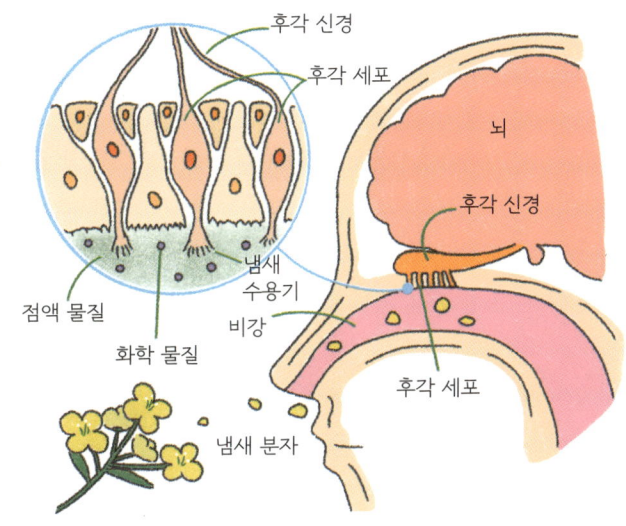

겨울에는 냄새가 덜 나는데, 여름에는 냄새가 더 독해지는 걸 경험한 적이 있지?

분자의 움직임이 온도에 따라 달라서 그래.

분자는 온도가 높으면 더 활발하게 움직이고 온도가 낮으면 움직임이 둔해져. 여름에는 따뜻하니까 냄새 분자도 활발하게 움직여서 더 멀리까지 갈 수 있어. 그러니 코로 들어오는 양도 많아지겠지? 하지만 코가 막히면 냄새를 못 맡게 되겠지? 그래서 감기에 걸리거나 비염이 있으면 냄새를 못 맡아.

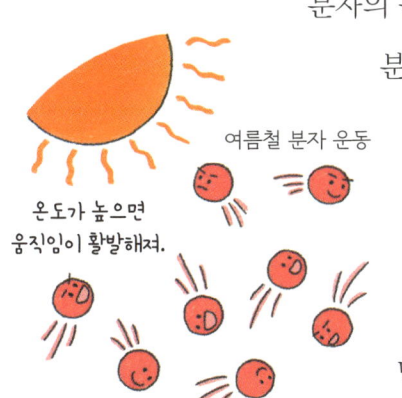

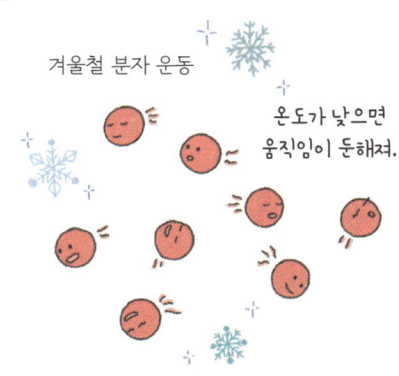

가마솥에서 끓는 술국 냄새는 뚜껑을 열 때 쏟아져 나와서 골목 가득 퍼진 걸 거야. 그러다 거리를 지나던 두 사람의 코로 훅 들어갔겠지. 방에 있어도 부엌에서 엄마가 하는 요리가 뭔지 냄새로 알 수 있지? 맛있는 냄새를 맡으면 갑자기 더 배가 고파져. 그럴 땐 얼른 엄마 곁으로 가서 도와드리고 맛도 보면 좋겠지?

화학으로 옛 그림을 본다면 71

9

지글지글, 불판에서 흘러나오는
고소한 소리

고기굽기
성협. 연대 미상. 종이에 옅은 채색, 국립중앙박물관

"후우, 후!"

가운데 앉은 사람이 젓가락을 입 가까이 대고 힘껏 불고 있어. 왼손에는 고기가 담긴 접시를 들고 있네. 고기를 굽다가 한 점 집어먹는 중인가 봐. 다섯 명의 남자가 모여서 고기를 구워서 먹고 있는 그림이야. 젓가락으로 불판 위의 고기를 집으려는 사람은 털모자를 썼어. 꽤 추운 날인가 봐. 손으로 고기를 집어 먹는 남자의 소매를 보니 옷이 여러 겹이야.

《동국세시기》를 보면 음력 10월에 추위를 막기 위해 고기를 구워 먹는 세시 풍속인 난로회가 있었다고 해. 추운 날 바깥에서 고기를 구워 먹으니 얼마나 맛있을까? 하얀 건을 쓴 사람은 고기를 구우려고 오른손에 들고 있는 고기 그릇에서 고기를 집고 있어. 왼손으로 젓가락질을 하는 걸 보니 왼손잡이인가 봐. 갓을 쓴 사람은 얼굴을 돌려서 술을 마시고 있어. 수염 난 사람들이 갓을 쓴 사람보다 나이가 많은가 봐. 어른 앞에서는 얼굴을 돌려서 술을 마시는 게 예의거든. 털모자 쓴 사람은 소매가 불판에 닿을까 봐 조심하고 있는 모습이 재미있네. 불판이 매우 뜨거운가 봐. 다리가 달린 화로에 빨간 숯이 가득 담겨 있네. 뜨거운 숯이 화로에 담겨 있는데, 불판이 뜨거운 이유는 무엇일까?

불판은 왜 이리 뜨거울까?

고기를 굽고 있는 불판은 무관들이 쓰는 모자인 벙거지를 뒤집어 놓은 것처럼 생겼어. 고기를 올리면 얇은 소고기가 바로 색이 변하면서 '치이익' 익는 소리가 나. 불판은 쇠로 만들었지. 쇠는 열을 받으면 뜨거워져. 다시 말하면 열을 받은 부분부터 뜨거워져서 그 열이 전체적으로 전달이 돼. **열이 물질을 따라 온도가 높은 곳에서 온도가 낮은**

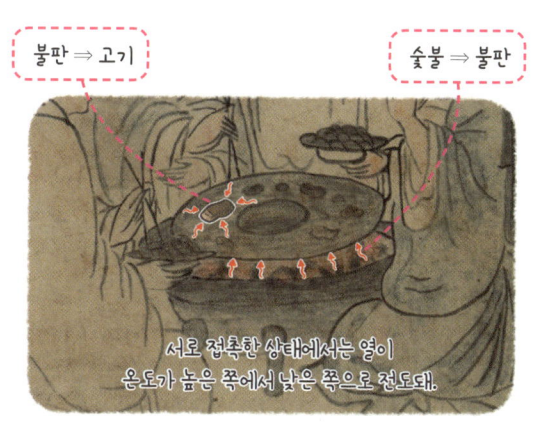

불판 ⇒ 고기   숯불 ⇒ 불판

서로 접촉한 상태에서는 열이 온도가 높은 쪽에서 낮은 쪽으로 전도돼.

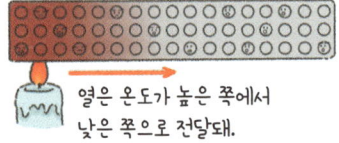

금속의 열 전도

열은 온도가 높은 쪽에서 낮은 쪽으로 전달돼.

손잡이는 열전도가 잘 안 돼.

열 전도가 잘 돼.

나는 안 뜨거워!

나무젓가락

쇠젓가락

쇠젓가락이 나무젓가락보다 전도가 잘 돼.

곳으로 전달되는 현상을 전도라고 해.

불판은 빨간 숯이 가득 담긴 화로 위에 놓여 있어. 빨간 숯은 활활 타고 있어. 숯의 뜨거운 열이 불판으로 전달돼. 직접 불이 닿은 부분부터 뜨거워진 불판은 곧 전체적으로 뜨거워지지. 전도는 주로 고체 상태에서 일어나는 현상이야. 뜨거운 불판에 옷이 닿으면 어떻게 될까? 불판의 열 때문에 옷이 탈지도 몰라. 그래서 그림 속의 저 남자는 소매가 불판에 닿지 않게 잡고 고기를 집는 거겠지.

조선 사람들은 술과 고기를 무척이나 좋아했어. 술을 금지하는 금주령을 내려도 술을 마시고 소고기 도축을 금지해도 몰래 소를 잡아서 먹었을 정도였지.

전도를 눈으로 살펴봐

두 개의 철판에 촛농을 일정한 간격으로 떨어뜨려. 하나는 가운데 부분을 가열하고, 다른 하나는 끝부분을 가열해. 시간이 지나면서 가운데 부분을 가열한 철판의 촛농은 가운데부터 서서히 녹기 시작해. 끝부분을 가열한 철판의 촛농은 가열한 끝부분부터 차츰 녹기 시작해서 점점 사방으로 퍼지면서 녹아. 서로 맞닿아 있는 고체 분자들이 열을 직접 주고받을 수 있어서 열을 받은 부분에서 주변으로 열이 퍼지기 때문이야.

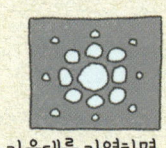

가운데를 가열하면 촛농이 가운데부터 녹아.

두 개의 철판에 촛농을 일정 간격으로 떨어뜨려.

하나는 가운데, 하나는 끝쪽을 가열해 봐.

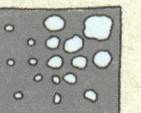

끝부분을 가열하면 촛농이 끝부분부터 녹아.

숯불로 고기를 굽는 이유는 무엇일까?

숯은 나무를 숯가마에 넣어서 구운 검은 덩어리야. 완전히 태우면 재가 되지만 오랫동안 서서히 구우면 숯이 되지. 그런데 나무보다 숯이 불을 붙이기가 더 어려워. 왜냐고? 오랫동안 구우면서 불순물은 사라지고 탄소만 남았기 때문이야. 하지만 한번 불이 붙으면 오래 타.

숯은 나무를 태워서 만들어서 구멍이 많아. 그래서 산소와 많이 접촉할 수 있어. 또 탄소 덩어리라서 산소와 결합하려는 성질이 강해. 불순물도 없으니 한번 불이 붙으면 연기도 안 나고 더 오래 탈 수 있는 거야. 숯은 구워질 때 안에 있던 수분도 사라져. 그래서 나무를 태울 때처럼 물이 증발하면서 열을 빼앗아갈 일도 없어. 모두 탈 때까지 완전 연소를 할 수 있어서 오랫동안 타고 향도 괜찮아. 게다가 열도 더 뜨거워. 그러니 고기를 숯불에 구우면 기름기가 싹 빠지고 담백해지지. 거기에 숯 향까지 더해져서 더 맛있는 거야.

숯은 산소와 잘 결합해.

그런데 숯은 불을 피울 때만 쓰냐고? 그럴 리가. 숯은 집 안 곳곳에서 발견할 수 있어. 냉장고와 정수기, 공기 청정기 안에 들어 있거든. 숯에는 작은 구멍이 많아서 나쁜 냄새를 빨아들이고 불순물을 걸러 줘. 그래서 냉장고나 정수기, 공기 청정기에 이용하지. 구멍으로 수분도 흡수하기 때문에 습도도 조절해서 집 안에 숯을 놓기도 해.

숯은 냄새와 불순물을 빨아들여.

화학으로 옛 그림을 본다면 75

그림을 좀 더 들여다볼까. 손으로 고기를 먹는 사람과 흰 건을 쓴 사람 사이에 작은 소반과 바구니가 놓여 있는 게 보여. 작은 소반에는 그릇이 두 개 놓여 있어. 채소 전골을 끓이기 위해 육수가 담긴 그릇이야. 바구니에는 고기와 함께 구울 채소나 버섯이 들어 있군. 곧 고기를 불판 위에 올리겠지?

고기를 구우면 왜 색이 변하고 크기가 작아질까?

굽지 않은 고기는 흐물흐물하고 붉은 기가 돌 거야. 그런데 불판 위에 놓인 고기는 색도 진해지고 단단해졌어. 커다란 고기를 뜨겁게 달군 석쇠 위에 놓으면 '치익' 소리가 나고 기름이 자글자글 끓으면서 익어 가. 냄새를 맡으며 기다리다가 뒤집으면 구운 쪽은 색깔이 변해 있어. 붉은빛이었던 고기가 갈색으로 변했지. 그리고 고기의 크기가 작아진 걸 볼 수 있어. 이런, 아까운 고기가 작아지다니!

고기를 구울 때 색이 변하는 건 고기 단백질의 성질이 변하기 때문이야. **크기가 작아지는 건 고기의 단백질이 응고하면서 줄어들고, 고기 속의 수분이 증발했기 때문이지.** 육즙이 빠져나간 거야. 그래서 고기를 구울 때 센 불에 겉을 먼저 익혀서 육즙이 빠져나가는 걸 최대한 막아야 맛있어. 구운 달걀을 까 보면 껍질과 흰자 사이가 비어 있는 걸 볼 수 있어. 구우면서 달걀의 수분이 빠져나가서야. 달걀의 단백질도 성질이 변한 거야. 맛과 향도 달라지지.

고기를 구우면 수분이 증발하고 육즙이 빠져나가.

수분이 빠지고 단백질이 응고되면서 부피가 작아졌어.

뜨거운 물체를 잡으면 손을 데. 덴 부분을 보면 하얗게 쪼그라든 걸 볼 수 있어. 손에 있는 단백질이 응고하면서 성질이 변해서 그래. 단백질은 열을 받으면 성질이 변하거든. **단백질의 구조가 바뀌면서 성질이 변하는 걸 단백질의 변성**이라고 해. 단백질이 변성되면 단백질의 생물학적인 기능을 잃게 돼. 예를 들어 달걀을 익히면 달걀의 단백질이 변해서 더 이상 알의 역할을 하지 못해. 병아리가 될 수 없지. **단백질을 변성시키는 원인은 열과 산, 소금, 알코올, 냉동, 힘 등 여러 가지가 있어.**

달걀흰자를 거품기로 한참을 저으면 머랭이 되지? 밀가루 반죽을 많이 치대면 쫄깃해지고 말이야. 이런 변성은 힘 때문에 일어난 거야. 치즈나 요구르트는 산 성분 때문에 우유의 단백질이 변성된 거지.

앞으로 고기를 구워 먹을 때 고기의 색이 변하는 것과 크기가 작아지는 걸 관찰해 봐. 고기가 단단해지고 향도 달라질 거야. 숯에 불이 붙은 모습도 잘 살펴보고 말이야. 뜨거울 땐 후후 불어 먹는 거 잊지 말고.

그 외에도 단백질 변성을 이용하는 음식은 여러 가지가 있으니 먹으면서 한번 찾아보는 것도 재미있겠지?

화학으로 옛 그림을 본다면

10
빨래는 방망이로 때려야
때가 잘 빠지지

계변가화
신윤복, 18세기, 종이에 채색, 간송미술관

"탁탁탁!"

시냇가에서 여자들이 빨래를 하고 있어. 커다랗고 넓적한 바위들을 지나 시냇물이 흘러내리네. 저고리를 벗은 할머니는 이불 같은 흰 빨래를 바닥에 널고 있어. 치마도 짧게 끌어 올려서 묶었군. 빨래를 털면서 물기가 튀었는지 얼굴을 찌푸리네! 어쩌면 남자가 쳐다보는 게 맘에 안 들었는지도 몰라.

머리를 길게 늘어뜨린 여자는 머리를 땋고 있어. 빨래도 다 마치고 머리를 감은 뒤 정리하고 있나 봐. 가체*가 보자기로 싼 물건 옆에 놓여 있어. 머리에 다리*를 올린 여자는 방망이로 열심히 빨래를 두드리고 있어. 손에 힘이 잔뜩 들어가서 방망이가 어깨까지 올라가 있군. 옆에 빨래가 담긴 대야가 있는 걸 보니 빨래를 좀 더 해야겠네.

그런데 한 선비가 길을 가다가 뒤를 돌아보고 있어. 활과 화살을 양손에 들고 있네. 활이 크고 화살이 길면서 깃이 없어. 일반적으로 보는 활과는 좀 달라. 전쟁이나 무과 시험에 사용하는 활로 보여. 왼쪽 소매를 올리는 팔찌를 한 걸 보니 아직 연습 중인가 봐. 화살을 주우러 왔다가 우연히 보게 된 걸까? 선비가 보는 건 빨래를 너는 할머니일까? 머리를 땋고 있는 젊은 여자일까? 어느 쪽이든 여자들의 공간인 빨래터에 남자가 있는 건 불편한 일이야. 방망이를 든 여자는 누가 지나가든 신경 쓰지 않고 빨래를 두드리고 있군.

* 가체 : 머리를 꾸미기 위하여 자신의 머리 외에 다른 머리를 얹거나 덧붙이던 것.
* 다리 : 여자들의 머리숱이 많아 보이라고 덧넣었던 딴머리.

방망이로 두드리면 빨래가 깨끗해질까?

방망이질을 하는 여자를 살펴봐. 방망이가 어깨까지 올라가서 휘어져 보일 정도야. 자세를 보니 손목을 이용해서 최대한 힘을 덜 들이고 효율적으로 때리고 있어. 저렇게 두드리면 빨래가 깨끗해질까?

옷이 더러워지는 건 먼지나 반찬 국물, 흙, 기름때 같은 오염 물질이 묻어서야.

화학으로 옛 그림을 본다면

옷감을 두드리면 오염 물질이 옷감과 분리돼.

옷에서 오염 물질을 없애는 과정이 빨래지. 오염 물질을 없애려면 어떻게 해야 할까? 어떤 오염 물질이냐에 따라 방법은 달라져. 물에 녹는 오염 물질이라면 물에 넣어서 주무르고 헹구면 깨끗해져. 이때 방망이로 두드리면 빨래가 더 잘돼. 두드리면 섬유에 묻은 오염 물질이 섬유에서 잘 분리되거든.

물에 녹지 않는 오염 물질은 어떻게 해야 할까? 이 오염 물질을 녹일 수 있는 다른 물질이 필요해. 바로 세제야. 빨래가 담긴 대야에는 세제로 사용하는 물질이 들어 있을 거야. 옛날에는 잿물이나 오줌, 쌀뜨물, 곡식을 간 가루, 식초 등을

양배추로 산성과 염기성을 알아봐!

자주색 양배추를 잘라서 뜨거운 물에 넣었다가 건져. 이렇게 만들어진 양배추 지시약을 여러 가지 용액에 떨어뜨려 봐. 지시약은 어떤 물질과 만났을 때 그 물질이 가진 성질에 따라 변화가 나타나는 물질이야. 자주색 양배추 지시약은 산성에는 붉은 계열의 색으로 변하고, 염기성에는 푸른 계열이나 노란 계열의 색으로 변하지. 자주색 양배추 지시약을 이용하면 어떤 용액이 산성인지 염기성인지 알 수 있겠지?

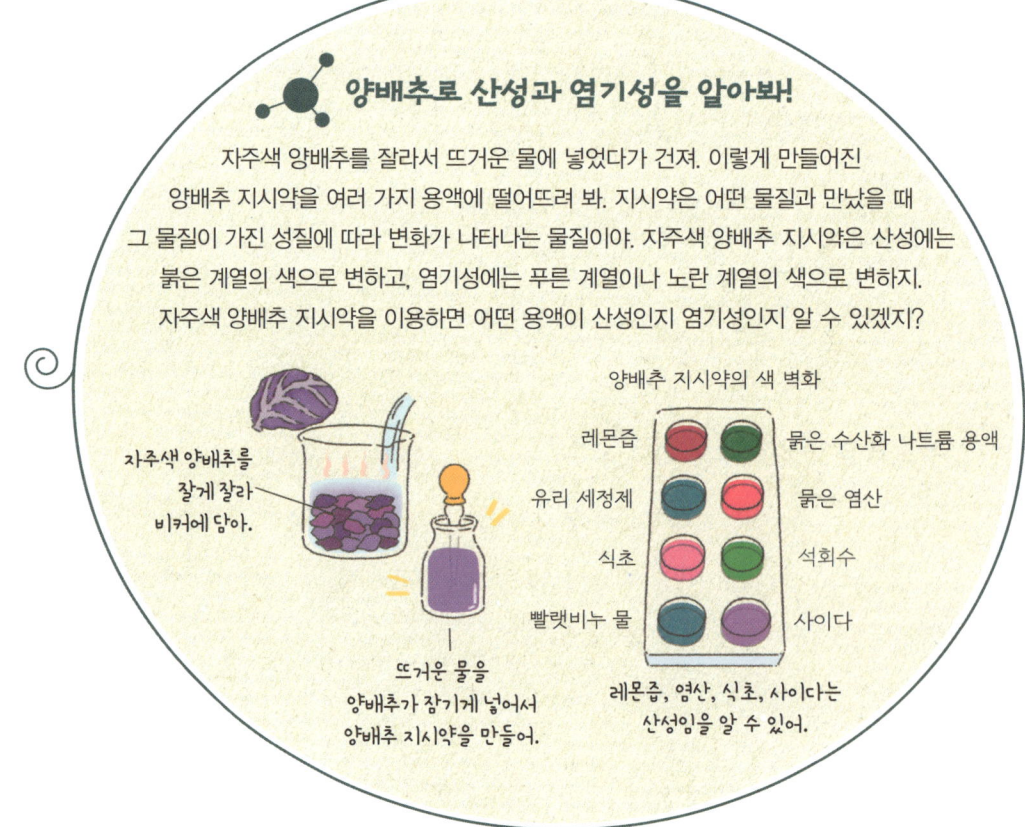

자주색 양배추를 잘게 잘라 비커에 담아.

뜨거운 물을 양배추가 잠기게 넣어서 양배추 지시약을 만들어.

양배추 지시약의 색 변화

레몬즙 — 묽은 수산화 나트륨 용액
유리 세정제 — 묽은 염산
식초 — 석회수
빨랫비누 물 — 사이다

레몬즙, 염산, 식초, 사이다는 산성임을 알 수 있어.

세제로 사용했어. 잿물이나 오줌은 염기성 용액으로 단백질 때와 찌든 때를 분해해. 식초는 산성 용액으로 얼룩과 냄새를 없애 주지. 산성과 염기성이 뭐냐고? 우리 주변의 용액들은 성질에 따라 **산성, 중성, 염기성**으로 나눌 수 있어. **산은 물에 녹아 산성을 나타내는 물질**로, 주로 신맛을 내. **염기는 물에 녹았을 때 염기성을 나타내는 물질**로, 만지면 미끈거리고 쓴맛이 나. 산성 용액은 달걀 껍데기 같은 석회 성분을 녹이고 염기성 용액은 기름이나 단백질 성분을 녹여. 세제는 이런 산과 염기의 성질을 이용해서 오염 물질을 녹이는 거야. 쌀뜨물에 있는 미세한 쌀가루는 오염 물질에 붙어서 빨래와 떨어뜨리고 다시 붙지 못하도록 막아 줘. 요즘 쓰는 세제에 들어 있는 **계면 활성제**와 같은 역할이야. 계면 활성제는 **물에 잘**

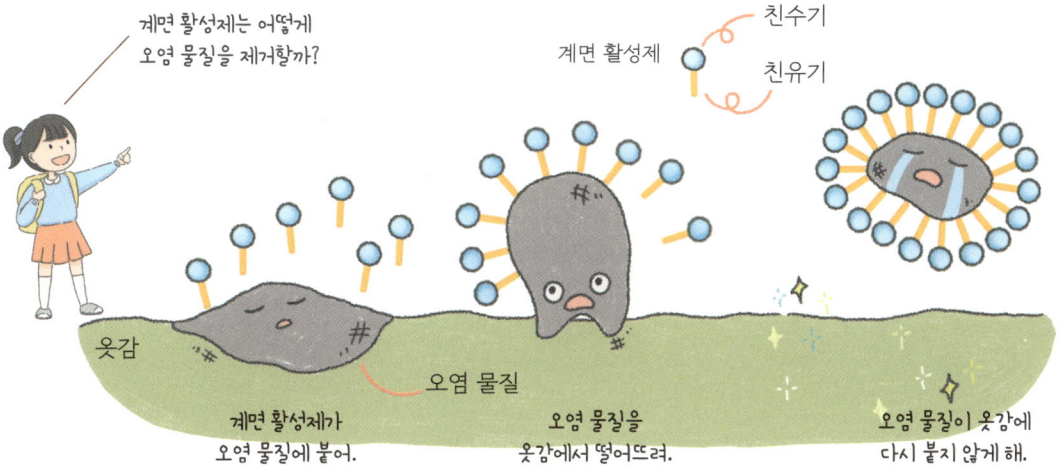

화학으로 옛 그림을 본다면 81

녹는 친수성 부분과 기름에 잘 녹는 친유성 부분을 모두 가지고 있는 물질이거든. 오염 물질에 붙어서 물에 녹게 해 주는 거지.

옛날에는 손으로 주무르고, 방망이로 두드리며 빨래를 했다면 요즘은 세탁기에 빨래를 넣고 돌리면 돼. 세탁통이 돌면서 물살이 세지고 이리저리 두드리는 역할을 해. 물살이 세게 돌면서 오염 물질을 씻어 내지. 빨래가 서로 비비고 엉키면서 때를 제거하는 거야. 마치 손으로 비비고 주무르고 물에 흔드는 것처럼 말이야. 드럼식 세탁기는 드럼통이 세로로 돌면서 빨랫감을 위로 올렸다가 떨어뜨리는 충격을 이용해서 세탁하는 거야. 마치 바위에 빨래를 놓고 방망이로 두드리는 것과 같아. 물과 세제로 빨래를 깨끗하게 했으니까 이제 잘 말려야겠지?

잘 펴서 널어야 빨리 마르지.

햇볕에 널면 빨래가 잘 마를까?

할머니가 빨래를 바닥에 널고 있어. 깨끗하게 빨았는데 바닥에 널다니 뭔가 이상하지? 햇볕에 말리려는 거야. 햇볕을 받으면 빨래에 있는 물기가 증발해서 빨래가 뽀송뽀송해져. 바싹 마르고 나서 탈탈 털면 먼지는 금방 떨어지니까 햇볕을 잘 받게 바닥에 깔아 둔 거지. 머리를 땋고 있는 여자도 머리를 말리기 위해 머리카락을 털고 흔들면서 햇볕에 말렸을 거야.

보통은 널따란 바위나 햇볕이 잘 드는 곳에 빨래를 펼쳐서 널어. 햇볕에 달구어진 바위의 열과 직접 받은 햇볕의 열로 말리니 더 잘 마르겠지? 하지만 낮에만 이렇게 할 수 있어. 밤이 되면 이슬이 내려서 그대로 두면 빨래가 다시 젖거든. 그래서 해가 지면 빨래를 걷어서 두었다가 다음 날 해가 뜨면 다시 꺼내서 말려. 옛날에는 이렇게 여러 날에 걸쳐 빨래를 말렸어.

젖은 빨래를 빨리 말리지 않으면 빨래에 미생물이 많아져서 냄새가 나. 비가 많이 와서 습한 날에는 잘 마르지 않아 수건에서 냄새가 났던 경험이 있을 거야. 온도가 높고 습하면 미생물이 잘 자라기 때문이야.

그래서 **빨래를 말릴 때는 증발이 빨리 되도록 해야 해**. 증발이 잘 일어나려면 온도가 높고 바람이 많이 불고 습도가 낮아야 해. 그리고 표면적도 넓어야 해. 햇볕이 잘 드는 바위에 널면 햇볕을 받아 온도가 높아지고 바람이 잘 통하지. 거기에 넓게 펼쳐 놓아 표면적도 넓으니 증발이 잘 일어날 수 있어. 요즘은 건조기가 이런 역할을 하기도 하지.

그림에서 알 수 있듯 옛날 사람들은 하얀 옷을 많이 입었어. 흰색을 중요하게 여기기도 했고 일반 백성들이 즐겨 입기도 했어. 하지만 흰옷은 금방 더러워져서 빨래를 자주 해야 해. 오래되면 누렇게 변하기도 하지. 그럴 땐 하얗게 만들면

돼. 어떻게 하느냐고? 햇볕에 말리면 돼. 햇빛에 널어 놓으면 자외선을 받아서 세균도 죽고 빨래는 더 하얗게 변하거든. 번거롭고 고되지만 하얀 옷이 좋으니 감수해야지. 요즘은 햇볕 대신 산소계 표백제를 이용해서 흰옷은 더 하얗게 만들고, 색깔이 있는 옷은 선명하게 만들어.

선비가 여자들을 쳐다보느라 정신이 없네. 저러다 화살을 놓칠까 걱정이야. 화살촉이 물에 젖으면 안 되는데 말이야. 왜 그러느냐고?

화살촉이 물에 젖으면 어떻게 될까?

선비는 오른손으로 활을 들고 있어. 활줄을 옆구리에 껴서 활이 바닥에 닿을 염려는 없어 보여. 그런데 화살은 끝부분을 잡았어. 화살촉이 무거우니 조금만 움직여도 바닥에 닿을 거 같아. 화살촉은 철로 만들었어. **철은 산소와 물을 만나면 녹이 슬어.** 녹은 **금속이나 쇠의 표면이 갈색으로 변해서 가루처럼 떨어지는 걸** 말해. 철이 산소와 만나서 반응이 일어난 거야.

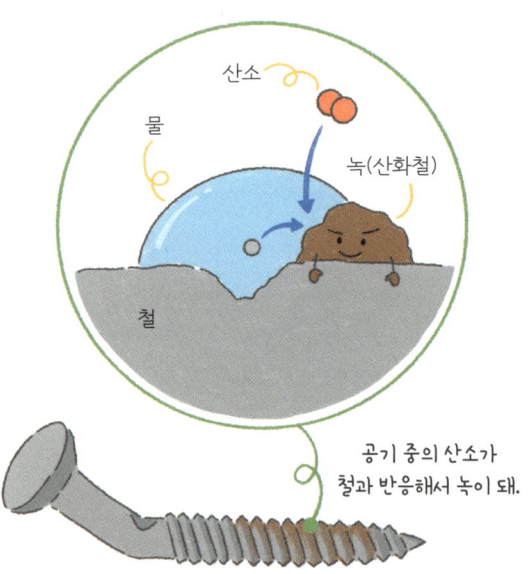

공기 중의 산소가 철과 반응해서 녹이 돼.

갈색으로 변해서 표면이 울퉁불퉁해진 오래된 못을 본 적이 있을 거야. 녹슨 거지. 못에 녹이 슬면 원래의 강한 성질을 잃고 잘 부서져서 다시 쓰기가 어려워.

화살촉도 철로 만들어서 산소와 물을 만나면 녹슬어. 화살촉은 날카로워야

표적을 맞히는데 녹이 슬어 울퉁불퉁해지면 안 되겠지? 녹이 슬지 않게 하려면 어떻게 해야 할까? 먼저 녹이 슬지 않도록 철 표면을 코팅하는 게 좋아. 페인트를 칠하거나 철보다 산화 반응이 느린 금속으로 철을 감싸 주는 식으로 말이야. 철이 직접 산소나 물에 닿지 않게 하는 거야. 혹시 녹이 좀 슬었다면 녹슨 부위에 식초를 발라서 닦아 내면 돼. 식초가 철과 반응해서 녹을 없애 주거든.

사과를 깎아서 공기 중에 놔두면 갈색으로 변하지? **사과가 갈변하는 것도 산소와 반응해서 생기는 현상**이야. 음식을 상온에 놔두면 곰팡이가 피거나 상하는 것도 산소와 반응하는 거야. 그래서 음식이 상하지 않게 하려고 진공 포장을 하지. 공기와 만나지 않게 말이야. 냉장고에 음식을 넣는 것은 온도를 낮춰서 반응이 느려지게 하는 거야.

산소와 만나서 반응하는 현상은 또 있어. 철가루가 들어 있는 일회용 손난로를 흔들면 열이 나지? 철이 산소와 반응하면서 열이 나는 거야. 우리가 음식을 먹고 움직이는 것도 산소가 양분과 반응해서 에너지를 만든 거야. 누렇게 변한 옷이 햇빛에 널거나 표백제로 빨면 하얗게 되는 것도 산소와 반응해서 일어나는 일이지. 그 외에 산소와 반응하는 현상이 어떤 것이 있을지 한번 찾아보렴.

11

비록 오랑캐라도 배울 건 배우자

북방인의 사냥

심사정. 18세기. 종이에 채색. 국립중앙박물관

"다가닥, 다가닥!"

오랑캐 옷차림을 한 사람들이 말을 타고 산길을 가고 있어. 〈북방인의 사냥〉은 오랑캐들의 여행이라고도 하는 그림이야. 여기서 오랑캐는 중국의 청나라를 의미해. 병자호란 후에 조선에서는 오랑캐가 사냥하는 장면을 담은 그림을 많이 그렸어. 왜 그랬을까? 병자호란은 조선이 청나라와 굴욕적인 군신(군주와 신하) 관계를 맺은 전쟁이야. 조선은 청나라가 멸망시킨 명나라를 어버이 나라로 섬겼기 때문에 속으로 청나라를 오랑캐라 여기며 싫어했어. 그런데 17~18세기를 거치며 청나라가 선진 문물을 받아들이며 발전하자 조선에서는 청나라를 배우려는 움직임이 일어났지. 청나라를 세운 여진족은 사냥을 통해서 전투력을 길렀어. 이 그림은 청나라가 싫지만 청나라 문물은 배우고 싶은 그런 복잡한 감정을 담은 거야.

바위 사이 언덕길을 사람들이 오르고 있어. 말을 탄 사람들은 두툼한 옷을 입었군. 머리에는 깃털이 달린 털모자를 쓰고, 발에는 가죽 장화를 신었고 말이야. 앞서가는 말은 뒤에서 따라가는 사람이 긴 막대로 움직임을 조종하고 있어. 뒤에 걸어가는 사람은 막대에 짐을 끼워서 어깨에 지고 있네.

가을에서 겨울로 넘어가는 시기인가 봐. 나무에 달린 나뭇잎 색이 불긋하군.

가을이 되면 나뭇잎이 왜 초록에서 울긋불긋하게 변할까?

날이 추워지면서 무성하던 풀들도 다 시들었나 봐. 길 주변 언덕과 절벽에 드문드문 힘없어 보이는 풀잎들이 조금 보일 뿐이니 말이야. 경사면에 버티고 서 있는 나무 세 그루는 좀 아슬아슬해 보이네. 잎이 많이 떨어져 나뭇가지는 앙상하군. 그나마 붙어 있는 잎도 색이 변해서 곧 바스러질 듯해.

화학으로 옛 그림을 본다면

가을이 되면 울긋불긋 나무에 단풍이 들지. 왜 나뭇잎 색이 변하는 걸까? 잎이 초록색으로 보이는 건 엽록소 때문이야. 엽록소는 잎에 있는 초록색 색소거든.

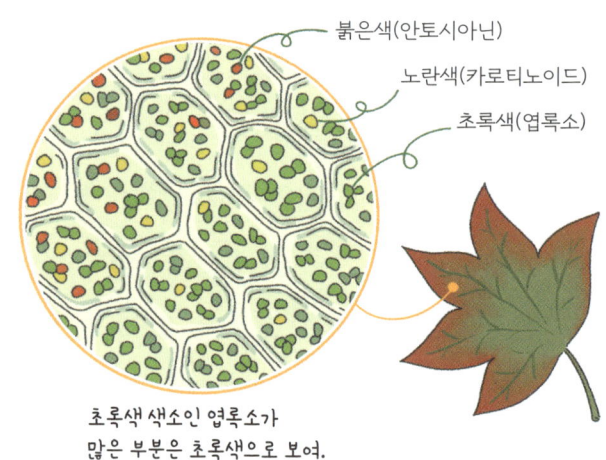

초록색 색소인 엽록소가 많은 부분은 초록색으로 보여.

잎에는 **엽록소 외에도 붉게 보이는 색소인 안토시아닌과 주황이나 노랑으로 보이는 색소인 카로티노이드**도 가지고 있어. 그런데도 잎이 초록색으로 보이는 건 엽록소의 양이 다른 색소들보다 훨씬 많아서야.

봄에 나는 새순은 연두색이야. 햇빛이 강해지는 여름으로 갈수록 잎은 더 진한 초록색으로 변하지. 광합성을 많이 하기 위해 엽록소가 늘어나기 때문이야. 날이 추워지면 나무는 겨울을 대비하기 위해 잎을 떨어뜨릴 준비를 해. 먼저 엽록소를 만드는 시간을 줄여. 낮이 짧아지면서 광합성하는 양이 줄어드니 엽록소가 필요 없어진 거야. 잎에 **엽록소의 양이 적어지면서 다른 색의 색소가 상대적으로 많아져 그 색을 띠지**. 초록색에 가려서 안 보이던 노랑이나 주황색 말이야. 그 변화하는 과정에서 우리는 울긋불긋 예쁜 단풍을 감상할 수 있지.

빛이 많이 들어서 광합성이 잘 되고 있어!

빛의 양이 줄어드니 광합성을 줄여야겠군!

광합성을 많이 줄였더니 잎이 모두 붉게 물들었어!

앞서가는 말 등에 짐이 가득 실린 걸로 보아 사냥을 마치고 돌아가는 길인가 봐. 막대로 말을 몰고 있는 사람은 옷차림이 가벼워 보여. 모자도 쓰지 않았고 발에는 짚신을 신었네. 춥지 않을까?

추울 때 사람들은 어떻게 체온을 유지할까?

많이 추운 걸까? 말을 탄 사람들은 털모자를 쓰고 장화도 신었어. 나뭇잎이 많이 떨어져 나무가 앙상한 걸로 보아 늦가을 같아. 늦가을에 기온이 떨어지면 더 춥게 느껴지지?

따뜻하다가 추워지면 몸이 바로 적응하지 못해서야. 날이 추워지면 식물은 잎을 떨어뜨리고 에너지를 적게 사용하는 쪽으로 상태를 바꾸지.

그럼 동물은 어떨까? 사슴이나 토끼 같은 동물은 가을이 되면 털갈이를 해. 추운 겨울을 대비해서 길고 부드러우면서 보온력이 높은 털로 몸을 두르는 거지. 곰이나 다람쥐 같은 동물은 가을까지 열심히 먹어서 살을 찌우고 겨울 동안 잠을 자. 움직임을 적게 하고, 저장해 둔 에너지를 조금씩 쓰면서 겨울을 보내는 거야.

사람은 어떨까? 추워지면 두꺼운 옷을 입고 모자와 목도리, 장갑 등으로 추위에 대비하지. 그림 속의 말 탄 사람들처럼 말이야. 그런데 짐을 지고 가는 사람은 좀 추울 것 같아. 모자는 썼지만 짚신을 신었으니 말이야. 맨 앞에 걸어가는 사람은 모자도 안 썼어.

추우면 체온이 떨어져. 체온이 떨어지면 생명이 위험해지지. 생명을 유지하기 위해서는 체온을 일정하게

화학으로 옛 그림을 본다면

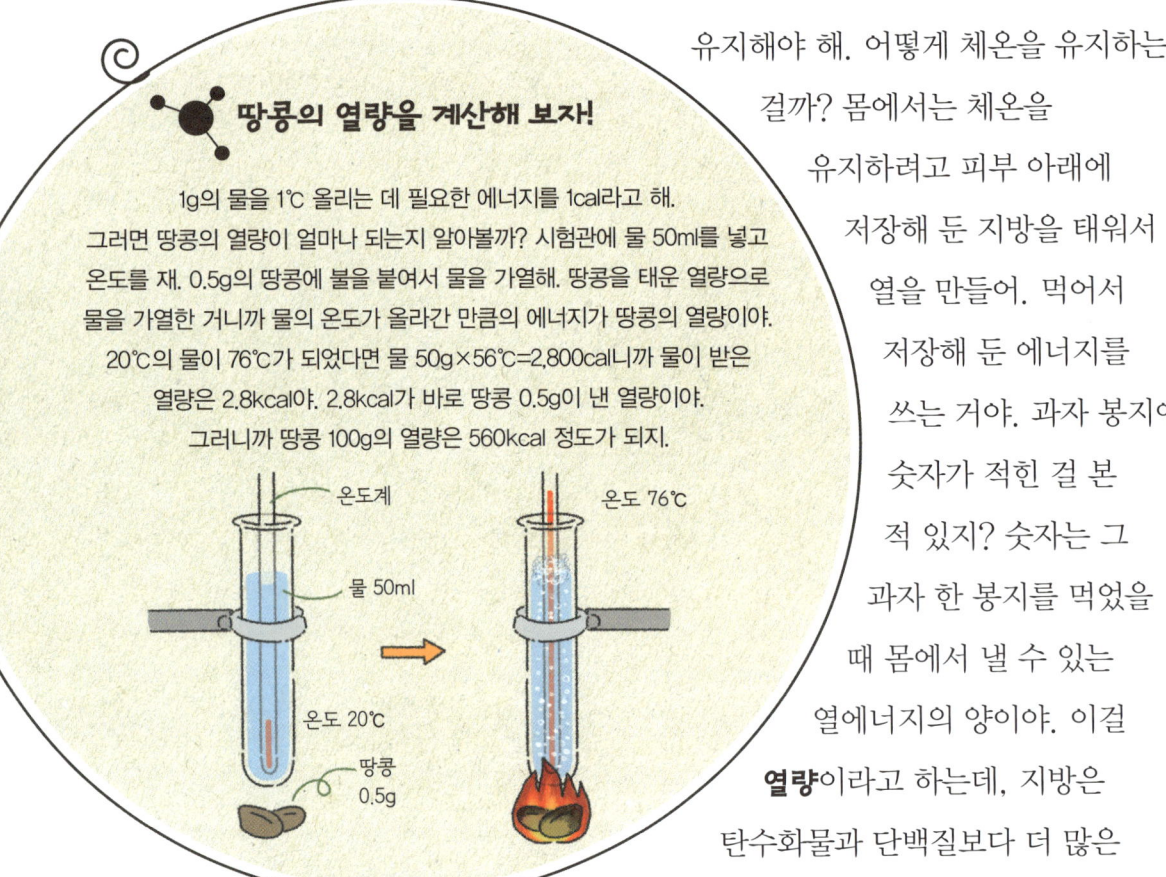

땅콩의 열량을 계산해 보자!

1g의 물을 1℃ 올리는 데 필요한 에너지를 1cal라고 해. 그러면 땅콩의 열량이 얼마나 되는지 알아볼까? 시험관에 물 50ml를 넣고 온도를 재. 0.5g의 땅콩에 불을 붙여서 물을 가열해. 땅콩을 태운 열량으로 물을 가열한 거니까 물의 온도가 올라간 만큼의 에너지가 땅콩의 열량이야. 20℃의 물이 76℃가 되었다면 물 50g×56℃=2,800cal니까 물이 받은 열량은 2.8kcal야. 2.8kcal가 바로 땅콩 0.5g이 낸 열량이야. 그러니까 땅콩 100g의 열량은 560kcal 정도가 되지.

유지해야 해. 어떻게 체온을 유지하는 걸까? 몸에서는 체온을 유지하려고 피부 아래에 저장해 둔 지방을 태워서 열을 만들어. 먹어서 저장해 둔 에너지를 쓰는 거야. 과자 봉지에 숫자가 적힌 걸 본 적이 있지? 숫자는 그 과자 한 봉지를 먹었을 때 몸에서 낼 수 있는 열에너지의 양이야. 이걸 **열량**이라고 하는데, 지방은 탄수화물과 단백질보다 더 많은 열량을 낼 수 있어.

그림 속 사람들의 몸은 열심히 지방을 태워서 체온을 유지하고 있을 거야.

추우면 왜 몸이 부르르 하고 떨릴까?

그런데 말을 탄 사람들보다 걸어가는 사람들이 더 추울까? 그렇진 않을 거야. 운동을 하면 몸 상태가 어떠니? 몸에서 열이 나면서 체온이 올라가지. 근육이 움직이면서 열을 내기 때문이야. 추울 때 몸이 저절로 부르르 떨리는 걸 느껴 본 적이 있니? **체온이 떨어지지 않게 근육이 만들어 내는 움직임이야.** 앞서가는 사람은 계속 막대를 흔들어서 몸에서 열이 날 거야. 짐을 짊어진 사람도 힘을 쓰기 위해 근육을 움직이니까 열이 날 거고. 말을 탄 사람들보다는 걷는 사람들이 더 많이 움직이니까 몸에서 열이 더 많이 나겠지? 그 정도면 늦가을 찬 바람에 체온이 떨어질 일은 없을 거야. 이렇게 에너지를 많이 쓰려면 잘 먹어야 해. 우리가 먹은 음식들은 분해되서 몸에 저장했다가 체온을 올리거나 근육을 움직일 때 에너지로 사용되니까.

*이 그림의 칼로리 양은 대략적으로 표기된 것입니다.

제일 앞에 가는 말 등에 짐이 가득 실려 있군. 주머니가 불룩한 걸로 보아 사냥을 마치고 돌아가는 길인 것 같아. 지쳐서 얼른 집에 가서 쉬고 싶겠다. 어쩌면 잠시 멈추고 말에게 물도 먹이고 쉬는 게 더 나을지도 모르지.

가을이 되면 식물도 동물도 추위를 대비하기 위해 준비를 해. 우리도 겨울 대비 준비를 하지. 추위 때문에 몸의 균형이 깨지면 안 되니까. 몸은 일정한 상태를 유지해야 건강하거든. 많이 먹고 움직이지 않으면 남은 에너지를 몸에 저장해서 살이 찌고 그러면 몸의 균형이 깨져. 추위에도 건강하려면 쓸데없는 에너지 사용을 줄이고 몸을 보호하는 데 힘을 써야 해. 하지만 춥다고 너무 웅크리지는 마. 적당한 열량의 음식을 먹고 많이 움직이면서 말이야.

화학으로 옛 그림을 본다면

12

꽃피는 봄에 나들이를 가자

연소답청
신윤복. 18세기. 종이에 채색. 간송미술관

"늦어서 미안합니다."

말을 탄 여자가 쓰개치마를 휘날리며 달려오고 있어. <연소답청>은 젊은 선비들이 푸른 새싹을 밟는다는 뜻이야. 양반집 자제들이 기생들과 봄놀이를 가는 모습을 그린 거지. 겨울 동안 추워서 움츠려 있다가 따뜻한 햇볕이 비치니 얼마나 좋을까?

오른쪽에 있는 남자는 벙거지를 삐딱하게 쓰고 있어. 갓은 어디 가고 마부가 쓰는 벙거지를 쓰고 있는 걸까? 마부 놀이를 하는 것 같아. 왼쪽에서 뚱한 표정을 짓고 있는 남자에게 갓을 맡기고 말이야. 갓을 들고 다른 손에는 말을 부리는 막대를 쥐고 있는 걸 보니 이 남자가 진짜 마부인가 봐.

벙거지를 쓴 남자는 한쪽 바짓단을 끌어올려 대충 묶은 우스꽝스러운 모습으로 보아 장난꾸러기임이 틀림없어. 진달래꽃을 머리에 꽂은 여자는 기다란 담뱃대를 입에 물고 있어. 진달래꽃도 이 남자가 따다 주었을 거야. 노란 저고리를 입은 여자는 손을 뒤로 내밀고 있어. 뒤따라오는 선비가 담뱃대를 여자에게 건네주려고 하네. 여자가 담배를 피우려고 하나 봐.

그런데 가만 보니 그림 위쪽에 있는 사람들은 멈춰 서 있는 듯해. 누구를 기다리는 건가? 아, 저 사람들을 기다리는구나. 소년이 말을 끌고 오고 있군. 급하게 따라온 건지 뒤따라오는 선비의 갓이 벗겨져 있네. 약속 시간에 늦는 사람이 어디든 꼭 있나 봐.

담뱃대로 어떻게 담배를 피울까?

선비가 노란 저고리를 입은 여자에게 건네주는 담뱃대나 흰색 저고리를 입은 여자가 물고 있는 담뱃대가 엄청나게 길어 보여. 1미터도 넘어 보이는데, 저 담뱃대로 어떻게 담배를 피우는 걸까?

담뱃대는 담배를 피울 때 사용하는 도구로 **대통**과 **설대**, **물부리**로 되어 있어. 대통은 구부러진 끝에 있는 금속으로 된 반원형 통이야. 잘게 썬 담배를 넣고 불을 붙이는 곳이지. 물부리는 입에 대는 부분으로 금속으로 만들었고 물기 편하게 가느다란 모양이야. 설대는 대통과 물부리를 잇는 부분으로 대나무로 되어 있어. 대통 밑에는 구멍이 뚫려 있고, 속이 빈 설대로 물부리까지 연결되어 있어. 대통에 넣은 담배에 불을 붙이고 물부리에 입을 대고 빨면 담배 연기가 설대를 지나서 입으로 들어와. 저 긴 담뱃대로 연기를 빨아들이려면 폐활량이 정말 좋아야겠네.

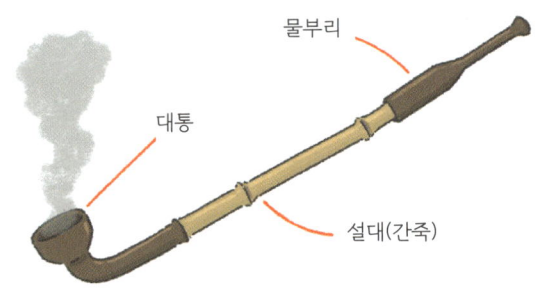

　대통에 담은 담배에 **불이 잘 붙으려면 담배를 아주 잘게 썰어야 해**. 왜냐고? 산소와 잘 만나게 하기 위해서지. 혹시 캠핑 가서 장작에 불을 붙여 본 적이 있니? 굵은 나무 장작에 바로 불을 붙이려 하면 힘들어. 먼저 종이나 가늘고 마른 나뭇가지에 불을 붙여야 해. 그러면 그 불이 타면서 굵은 나무장작에 옮겨붙지. **종이나 가는 나뭇가지는 산소와 접촉하는 면적이 넓어서 불이 더 잘 붙는 반면에 굵은 나무 장작에 불을 붙이려면 시간이 오래 걸리거든.**

담배에 불이 붙었으면 입으로 공기를 빨아들여. 그러면 설대 안의 기압이 낮아져서 대통의 연기가 설대로 빨려 들어와. 설대로 들어온 연기는 물부리를 통해 그대로 입으로 들어가지. 조선 시대에는 담배가 몸에 좋다고 생각해서 어린아이부터 노인까지 모두가 담배를 피웠대. 지금 사람들이 보면 정말 어이없는 일이지.

담뱃대를 쥔 남자는 불을 붙여서 여자에게 건네겠지? 노란 저고리에 파란 치마, 빨간 옷고름과 저고리 깃까지 색깔이 참 예뻐. 고삐를 쥔 남자도 보라색 누비저고리에 초록색 향낭까지 달고 있어. 옷감에 물을 예쁘게 들였군!

어떻게 옷감에 색을 물들일까?

다른 선비와 기생들도 화려한 색의 옷을 입었어. 말의 안장과 고삐를 묶은 끈까지 붉은색이야. 진달래의 붉은빛과 새싹의 초록에 원색의 옷들까지 화사한 봄날의 느낌을 잘 담은 그림이야. 자연의 색을 옷감으로 옮긴 것 같지?

이렇게 **옷감에 색을 물들이는 걸 염색**이라고 해. 지금 우리가 입고 있는 옷도 염색한 거야. 포도를 먹을 때 손에 포도색 물이 들지? 포도 껍질에 색소가 있기 때문이야. 이런 색소들을 뽑아서 염색에 필요한 염료를 만들어. **염색할 때 쓰는 여러 가지 색의 원료를 염료**라고 해. 꽃이나 열매뿐 아니라 광물, 동물 등에서도 염료를 얻을 수 있어.

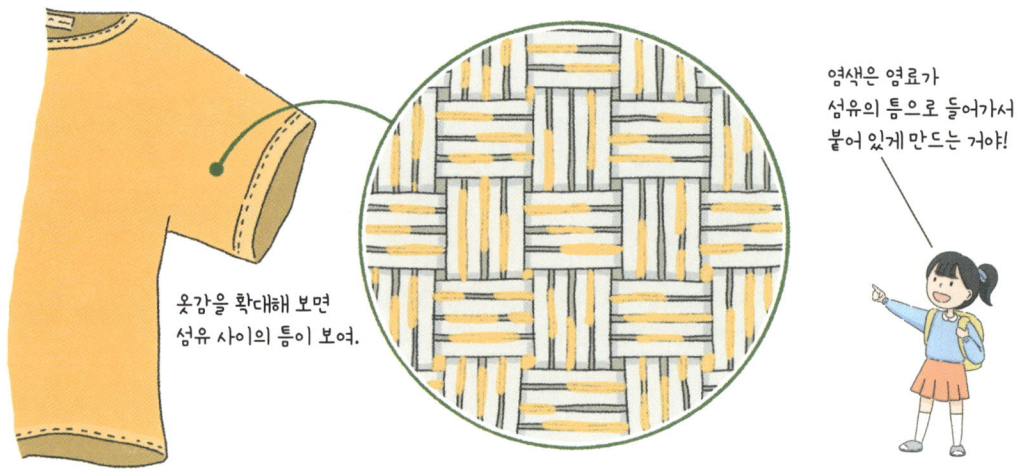

옷감을 확대해 보면 섬유 사이의 틈이 보여.

염색은 염료가 섬유의 틈으로 들어가서 붙어 있게 만드는 거야!

화학으로 옛 그림을 본다면

염색은 옷감에 이런 염료가 골고루 잘 붙어 있게 만드는 거야.

염색 체험하러 가서 수건 염색을 해 본 적이 있니? 염료를 녹인 따뜻한 물에 하얀 수건을 넣고 골고루 주무른 다음에 말렸지? 중간중간 묶어서 무늬를 만들기도 했을 거야. 하지만 여러 번 빨다 보면 색이 점점 옅어지지? 물에 녹는 염료로 물들인 옷은 색이 빠지기 쉬워. 포도 물이 든 옷도 빨면 지워지잖아. 게다가 햇빛에도 쉽게 색이 바래.

예쁘게 물들인 염색이 오래 가게 하려면 매염제를 넣어야 해. **매염제**는 염색이 **오래 가고 잘 되게 해주는 물질**로 백반, 석회, 재, 콩즙, 오미자 등을 사용했어. 요즘은 화학 염료로 염색을 하지. 천연 염료로 염색하는 것보다 훨씬 색이 진하고

손톱에 염색을 해 보자!

봉숭아 꽃물을 손톱에 물들인 적이 있니?
봉숭아꽃과 잎을 따서 콩콩 찧어. 백반가루를 함께 넣고 말이야.
여기서 백반은 매염제로, 봉숭아 꽃물이 더 진하고 오래 가게 해. 찧은 봉숭아꽃을 손톱에 올려서 골고루 펴. 그렇게 시간이 지나면 손톱에 붉게 물이 들어 있을 거야.
손가락까지 물들었다고? 괜찮아. 몇 번 씻으면 금방 색이 빠질 거야. 요즘은 봉숭아 꽃물 들이기가 더 쉬워졌어. 가루로 나와서 물이랑 반죽해서 손톱 위에 얹으면 되니까 말이야.

오래 가지만 피부에 이상이 생기기도 해. 머리카락을 여러 가지 색으로 물들이는 염색을 해 본 적이 있니? 피부가 좀 따끔거리지? 화학 염료라서 피부가 자극을 받기 때문이야. 피부가 약한 사람이라면 되도록 머리카락 염색도 안 하고 화학 염색을 하지 않은 옷을 입는 것이 건강에 좋겠지.

이 그림 속 옷들의 색은 자연에서 얻은 색이라 그런지 봄꽃과 새싹의 색이 잘 어우러지는 듯해. 선비가 입은 누비저고리 색이 자꾸 눈에 들어와. 화사한 누비저고리를 겹쳐 입어서 꽃샘추위도 막고 멋도 내니 일석이조군. 봄이 오는 건 따뜻한 햇볕과 봄 냄새로 알 수 있어.

멀리서도 꽃향기를 맡을 수 있는 건 왜일까?

절벽 끝을 따라 여기저기에 분홍색 진달래가 소담하게 피어 있어. 그런데 꽃만 있고 잎은 없네? 개나리와 진달래 같은 꽃은 봄에 꽃이 먼저 피고 나중에 잎이 나. 겨울 동안 꽃이 될 부분이 꽃눈으로 있다가 따뜻해지면 바로 꽃이 피지. 봄이 되면 여기저기 꽃들이 피면서 향기가 나. 꽃은 움직이지 않는데 향기는 어떻게 널리 퍼질까?

꽃향기의 움직임을 알려면 **분자 운동**을 살펴보면 돼. 물 위에 후춧가루를 뿌려 봐! 고운 후춧가루가 물 위에 떠서 흔들리는 걸 볼 수 있어. 건드리지 않았는데 후춧가루가 왜 흔들릴까?

화학으로 옛 그림을 본다면

그건 물 분자가 움직여서야. **물 분자가 움직이면서 후춧가루와 부딪힌 거야.** 이걸 **브라운 운동**이라고 해. 분자는 쉬지 않고 계속 움직이고 있지.

물에 잉크를 한 방울 떨어뜨려 볼까? 골고루 퍼지지? 물 분자 사이로 잉크 분자가 움직여서 들어가는 거야. 이런 현상은 **확산**이라고 해. **꽃향기가 퍼지는 것도 확산 현상**이야. 풀잎에 맺힌 이슬이 사라지는 것도 물 분자가 수증기로 변해서 공기 중으로 움직이는 거야. **증발이나 확산 현상은**

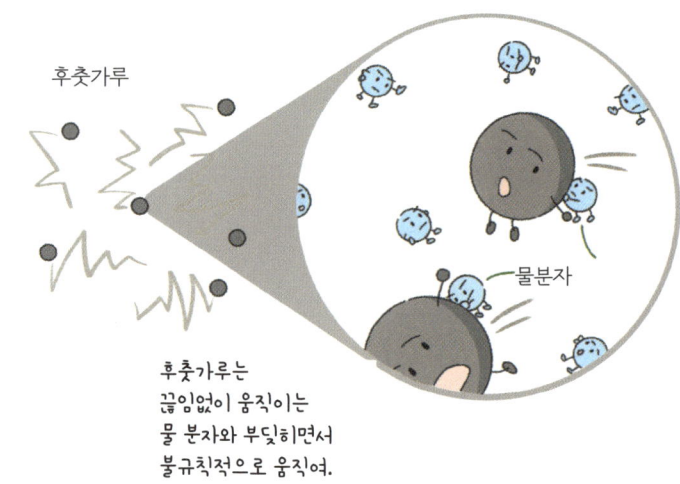

후춧가루는 끊임없이 움직이는 물 분자와 부딪히면서 불규칙적으로 움직여.

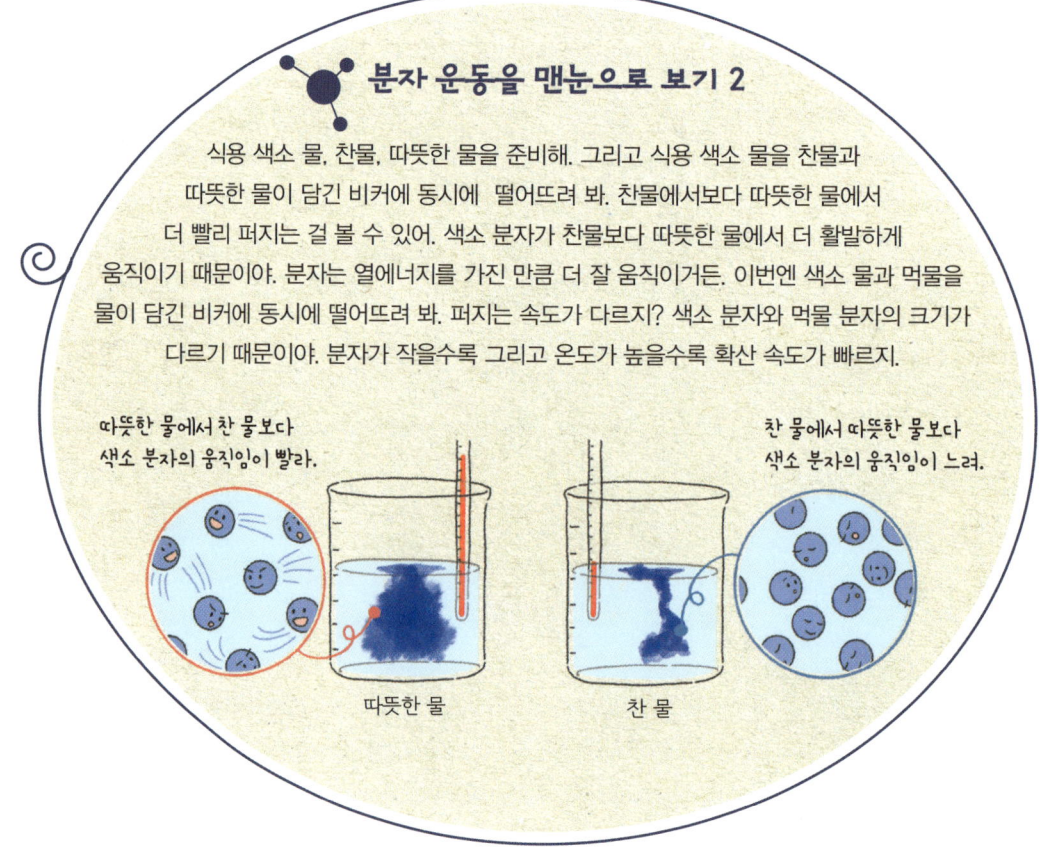

분자 운동을 맨눈으로 보기 2

식용 색소 물, 찬물, 따뜻한 물을 준비해. 그리고 식용 색소 물을 찬물과 따뜻한 물이 담긴 비커에 동시에 떨어뜨려 봐. 찬물에서보다 따뜻한 물에서 더 빨리 퍼지는 걸 볼 수 있어. 색소 분자가 찬물보다 따뜻한 물에서 더 활발하게 움직이기 때문이야. 분자는 열에너지를 가진 만큼 더 잘 움직이거든. 이번엔 색소 물과 먹물을 물이 담긴 비커에 동시에 떨어뜨려 봐. 퍼지는 속도가 다르지? 색소 분자와 먹물 분자의 크기가 다르기 때문이야. 분자가 작을수록 그리고 온도가 높을수록 확산 속도가 빠르지.

따뜻한 물에서 찬 물보다 색소 분자의 움직임이 빨라.

찬 물에서 따뜻한 물보다 색소 분자의 움직임이 느려.

따뜻한 물　　찬 물

분자가 움직이고 있다는 증거야. 분자는 열이 있으면 움직이는 속도가 빨라져. 기체 상태에서 분자는 움직임이 정말 빨라서 차지하는 공간의 크기가 엄청나게 커. 그런데다가 온도까지 올라가면 어떻게 될까? 풍선을 불어서 묶고 따뜻하게 하면 풍선이 점점 커지지? 온도가 올라갈수록 기체의 움직임이 빨라져서 부피가 커진 거야.

향기 입자는 사방으로 퍼져 나가.

향기 입자가 많은 쪽에서 적은 쪽으로 퍼져 나가.

봄에 다양한 꽃들이 여기저기 피어날 때면 주변이 온통 꽃향기로 가득해져. 그럴 때면 코로 향기를 맡으며 냄새 분자에게 인사하는 건 어떨까? 꽃에서부터 부지런히 움직여 콧속까지 오느라고 수고했다고 말이야.

13

오랫동안 수고 많으셨습니다

기영회도

작자 미상, 1584년, 비단에 채색, 국립중앙박물관.

"성은이 망극하옵니다."

하얀 햇볕 가리개를 친 건물에서 대신들을 위한 잔치가 열렸어. 왼쪽 중앙에서 두 대신이 양손으로 술잔을 건네고, 매화나무와 소나무가 그려진 병풍 앞에는 세 사람이 앉아 있네. 머리에 꽃을 꽂고 호피 무늬 방석에 앉아 있는 대신들이 모두 참가자야.

〈기영회도〉는 기영회의 원로 대신들을 위해 베푼 잔치를 그린 그림이야. 위에는 제목을 쓰고, 중간에 잔치 모습을 그리고, 아래에 참석자의 이름과 관직, 시 등을 적었어. 화공이 여러 장 그려서 참가자에게 기념으로 나누어 주었지. 이 〈기영회도〉는 기영회의 잔치를 기록한 그림 중 가장 오래된 거야. 기영회는 정2품 이상의 벼슬을 지낸 70세 이상의 원로 대신들 모임이지.

넓은 마루 공간은 위아래로 나뉘어 있어. 위쪽 마루에는 대신들이 모여 앉아 있고, 음식을 나르는 여자들과 춤을 추는 여자들이 있어. 아래쪽 마루에는 커다란 붉은 탁자 주변으로 춤을 출 순서를 기다리는 여자들과 술과 음식을 준비하는 여자들이 있네. 앞쪽에 한 줄로 앉아 뒷모습만 보이는 사람들은 악기를 연주하는 악사들이야. 행사를 준비하는 여자들은 모두 머리에 꽃을 꽂고 있어. 건물 바깥에도 사람들이 있어. 음식을 나르고 시중을 드는 남자들과 대신들을 모시고 따라온 하인들이야. 잔치의 흥겨운 음악소리가 들리는 듯한 그림이군.

술을 마시면 왜 취할까?

그림 왼쪽을 보면 오른쪽 무릎을 세우고 앉은 여자 앞에 커다란 화로가 보여. 여자는 화로에 술 주전자를 중탕하고 있지. 그 옆에 있는 상에는 하얀 술 항아리가 여럿 놓여 있어. 임금님이 특별히 내려 준 귀한 술이야. 술도 데우고 식은 음식들도 데우고 있군. 그런데 술을 마시면 왜 취할까?

화학으로 옛 그림을 본다면

술은 과일이나 곡식에 누룩을 넣고 발효시켜서 만들어. **발효는 미생물이 산소 없이 유기물을 분해하는 과정에서 이로운 물질을 만들어 내는 것**을 말해. 이 과정에서 쓸모없거나 우리 몸에 나쁜 물질이 만들어지는 건 **부패**라고 하지. 옛날 사람들이 자연적으로 발효된 음료를 우연히 발견한 것이 술이야.

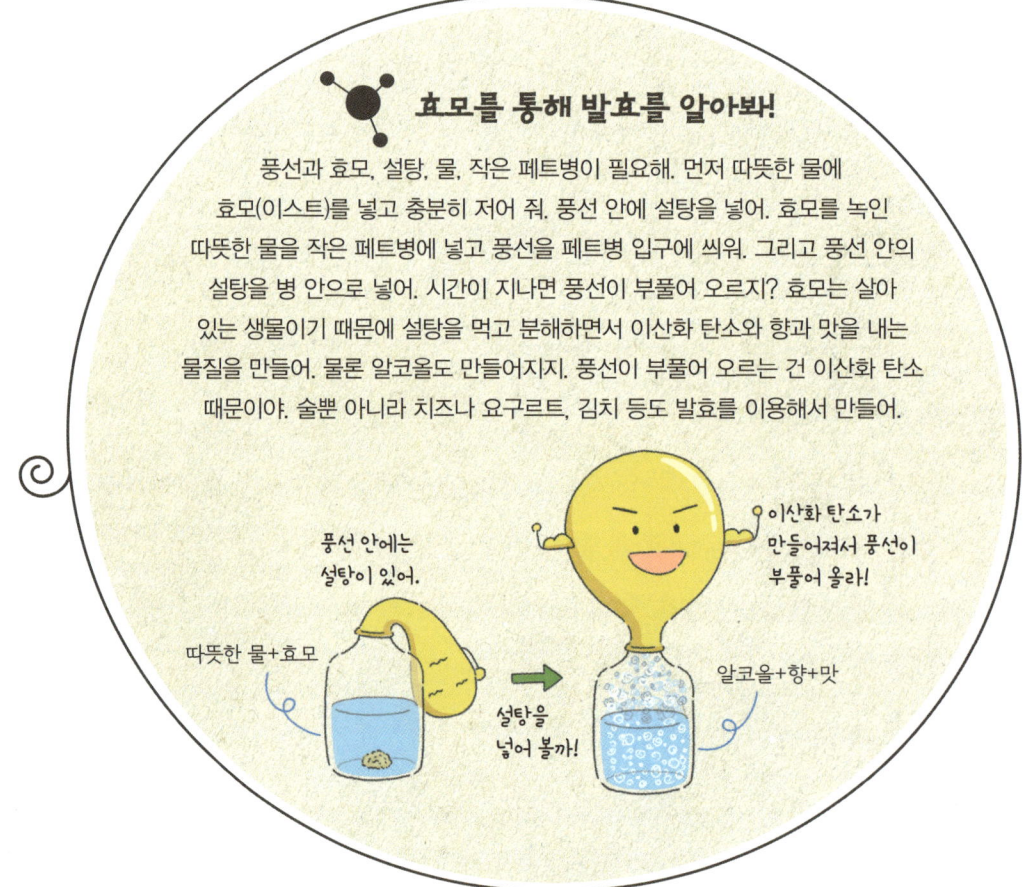

술에는 알코올이 들어 있어. 술을 마시면 알코올 성분이 혈액으로 빠르게 흡수돼. 몸으로 들어온 알코올은 간에서 독성 물질로 바뀌는데, 이 물질은 속을 쓰리게 하고 머리를 아프게 만들어. 뇌로 가면 뇌 기능을 떨어뜨려서 했던 말을 또 하거나 정신을 잃게 만들기도 하지. 취한다는 건 이렇게 몸의 기능이 떨어지는 거야.

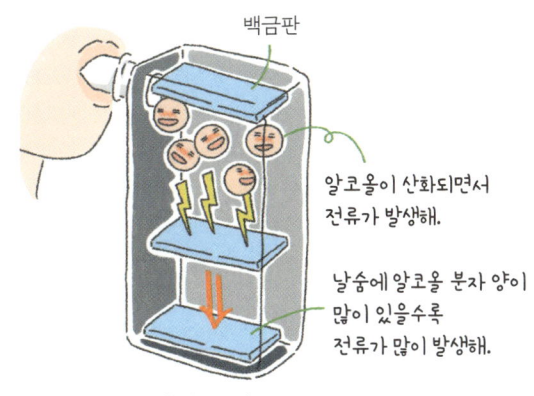

백금판

알코올이 산화되면서 전류가 발생해.

날숨에 알코올 분자 양이 많이 있을수록 전류가 많이 발생해.

－극에 모인 전류의 양에 따라 혈중 알코올 농도가 측정되는 거야.

길을 가다 보면 차로를 막고 경찰이 음주 측정하는 걸 볼 수 있어. 운전자가 술을 마셨는지 확인하려고 조사하는 거야. 그런데 어떻게 음주 측정을 하는 걸까? 음주 운전을 했는지 알기 위해서 음주 측정기에 '후' 하고 불지? 호흡을 통해 나온 날숨에 알코올 분자가 얼마나 있는지 측정하는 거야.

그림 속 하인들을 보니 술을 꽤 마셨나 봐. 이따가 불호령이 떨어지는 건 아닌지 걱정이군. 점점 시간이 가고 주위가 어두워져. 어두운 대청을 밝히려고 커다란 촛대가 좌우 하나씩 놓여 있고 촛불이 붉게 타고 있어. 밤이 깊어 가네.

옛날에는 왜 가구에 옻칠을 했을까?

가운데 기둥 앞에 커다란 붉은 탁자에는 꽃을 꽂은 하얀 화병 두 개가 놓여 있어. 궁궐에서 벌이는 잔치에 쓰이는 꽃 장식이야. 궁중 채화라고 하는데, 주로 비단이나 모시로 만들었어. 생명을 존중하는 의미로 생화 대신 만든 거지. 만든 꽃은 시들지 않으니 왕조가 영원하길 바라는 마음도 담았어. 천연 염색한 옷감으로 꽃잎을 하나하나 만든 뒤 밀랍을 바르고 꽃술에는

화학으로 옛 그림을 본다면

꽃가루도 발랐어. 얼마나 진짜 같은지 새와 나비와 벌이 날아오기도 했대. 잔치가 끝나면 모두 모아서 불태웠다고 해.

커다란 붉은 탁자뿐 아니라 대신들 앞에 놓인 소반(작은 상)도 전부 붉은색이야. 병풍 앞에 있는 대신들 사이에 기이하게 생긴 돌을 장식한 받침대도 붉은색이야. 그림 속 붉은 가구는 모두 **옻칠**을 한 거야. **나무로 만든 물건에 윤을 내기 위해 옻나무 수액을 바르는 것**을 말해.

옛날에는 왜 가구에 옻칠을 했을까? 옻칠을 하면 나무 안으로 옻나무 액이 스며들고 겉은 비닐처럼 얇은 막이 생겨서 반짝거려. 습기가 들어오지 못하기

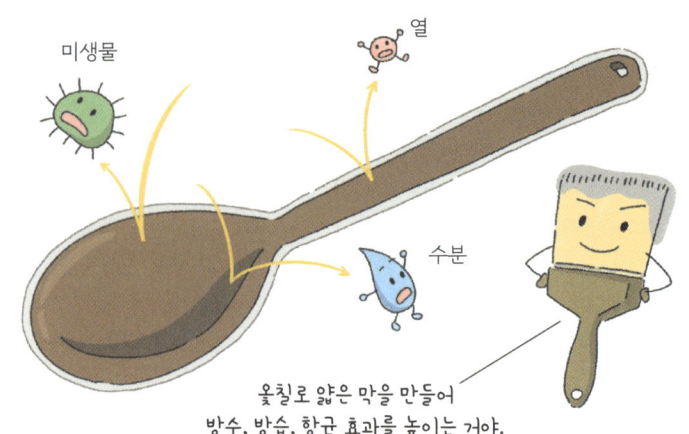

옻칠로 얇은 막을 만들어 방수, 방습, 항균 효과를 높이는 거야.

때문에 방수와 방습 효과가 있어. 옻의 주성분에는 항균 효과가 있어서 옻칠을 한 그릇에 음식을 담으면 며칠 동안 상하지 않을 정도야. 산과 염기에도 부식되지 않고 열에도 강하지. 그래서 나무로 만든 물건에는 옻칠을 했어.

열에 구운 백자는 왜 단단할까?

그림에서 또 눈에 띄는 게 있어. 하얀색 꽃 항아리와 하얀색 술병이야. 모두 백자야. 백자가 뭐냐고? 백자는 고운 흙으로 모양을 만들어서 높은 온도에 구워 낸 우윳빛 그릇을 말해.

백자는 어떻게 만들까? 곱게 체를 쳐서 걸러 낸 백토로 그릇 모양을 만들고, 백색의 투명한 유약을 발라서 1,300도 정도의 높은 온도에서 구우면 돼. 푸른 유약을 바르면 청자가 되고, 백색 유약을 바르면 백자가 되지.

1. 흙 수비
흙 속의 불순물을 제거하고 미생물로 흙에 점성이 생기게 해.

2. 흙 밟기
흙을 밟아 수분이 균일하게 퍼지게 하고 기포를 제거해.

3. 물레 성형
원심력을 이용해 흙 입자를 밀착시켜.

4. 초벌 굽기
열을 받아 흙의 성질이 바뀌면서 도자기가 치밀하고 단단해져.

5. 유약 바르기
고온에서 녹으면서 도자기에 있는 미세한 구멍을 막아 매끄럽게 표면을 코팅해 줘.

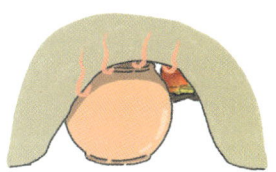
6. 재벌 굽기
도자기를 가마에서 한 번 더 구워서 단단해져.

흙으로 만든 그릇은 잘 부서지는데 불에 구워 내면 단단해져. 특히 백자는, 낮은 온도에서 유약을 바르지 않고 구운 토기보다 단단하고 반짝거려. 불에 구워지면서 흙의 성질이 바뀌어서야. 높은 열로 구우면 그만큼 더 바뀌거든. 흙과 유약과 불이 서로 작용해서 화학 변화가 일어난 거야.

그런데 가마 안에서 굽는 동안 그릇이 터지기도 해. 잘 말리지 않고 구우면 그릇에 남은 수분이 수증기로 변하면서 부피가 커지기 때문이야. 마치 옥수수알이 팝콘이 되는 것처럼 말이야. 옥수수알 속에 있는 수분과 유분은 열을 받아 기체 상태로 변할 때 부피가 급격하게 커져. 부피는 커지는데 단단한 껍질이 막고 있으면 어떻게 될까? 압력이 커지면서 그 힘으로 단단한 옥수수알의 껍질을 터뜨리지. 물이 수증기로 변할 때 부피는 1,700배 정도 커져. 그 압력을 받으면 그릇에 금이 가거나 터지겠지? 그림 속 백자는 다행히도 터지지 않아서 상에 놓일 수 있었을 거야.

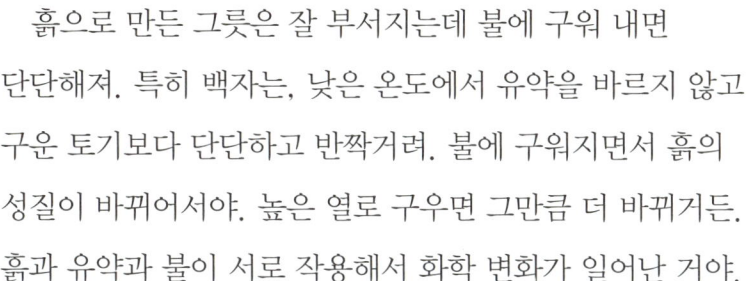

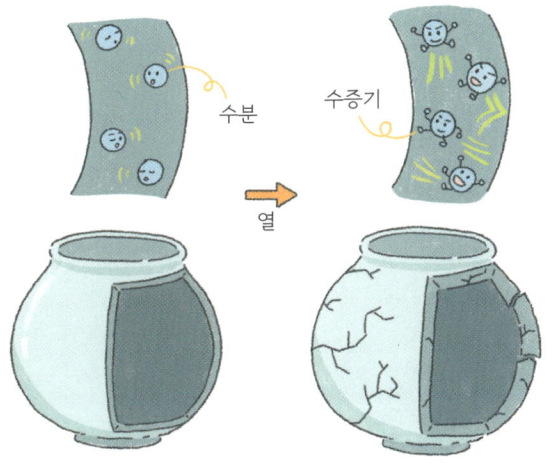
열을 가하면 남아 있는 수분의 부피가 커지면서 압력이 높아져 그릇에 금이 가거나 터져.

화학으로 옛 그림을 본다면

14

소나무 아래에서 차를 마시면?

송하음다

심사정. 18세기. 지두화. 종이에 옅은 채색. 삼성미술관 리움

"호로록!"

구부러진 소나무 아래 선비 둘이 차를 마시고 있어. 멀리 뒤로는 산들이 이어져 있네. 높은 산은 멀리 있는지 희미하게 보여. 소나무 옆으로는 계곡물이 흐르고 있어. 콸콸콸 세게 흐르는 걸로 보아 꽤 높은 곳인가 봐. 꽃과 잎들이 무성하게 달려 있고 여기저기 수풀이 우거져 있는 걸로 보아 늦은 봄이거나 초여름인 것 같아. 자연을 즐기며 차를 마시려고 산을 올랐나 봐. 차를 마시러 화로도 짊어지고 다기도 싸 들고 산에 오르다니 대단한걸.

〈송하음다〉는 소나무 아래에서 차를 마시는 모습을 담은 그림으로, 심사정이 손가락으로 그린 거야. 손가락에 먹물을 묻혀서 그린 그림을 지두화라고 해. 손으로 이렇게 섬세하게 그림을 그리다니 놀라워.

한 사람은 찻잔을 입에 대고 마시고 있어. 마시기 적당한 온도인지 호로록 마시네. 다른 사람은 다 마셨는지 편하게 손을 짚고 앉아 있어. 그 옆에는 쪼그려 앉아서 입을 쭉 내민 소년이 있어. 차를 마실 때 시중을 드는 다동이야. 화로를 향해서 입을 내민 걸 보니 후후 불고 있나 봐. 화로 위에는 주전자가 놓여 있네.

'후' 하고 불면 불이 더 잘 탈까?

쪼그려 앉아서 손을 앞쪽으로 짚고 있는 소년의 입은 화로의 구멍을 향해 있어. 구멍 안으로 후 불고 있는 거지. 주전자에는 계곡에서 떠 온 시원한 물이 들어 있어. 차를 우릴 때 쓸 물이야. 소년은 바싹 마른 솔방울들을 주워서 불을 붙였을 거야. 부싯돌로 불씨를 일으켜서 불을 붙이고 주전자를 올렸겠지.

물이 끓어야 차를 우릴 텐데 불이 영 신통치가 않은 듯해. 차를 다 마신 선비를 보니 소년은 마음이 급해졌어. 왜 이리 안 끓는 걸까? 불이 약해서 그런 것 같아. 어떻게 하면 불이 더 세질까? 불이 세지려면 연소가 잘 일어나야 해.

물질이 빛과 열을 내면서 타는 현상을 **연소**라고 해. 연소가 일어나려면 세 가지 조건이 필요해. **탈 물질과 산소, 발화점 이상의 온도**야. 아마도 그림 속엔 잘 마른 솔방울과 불씨는 있을 테니, 산소만 있으면 되겠지? 입으로 바람을 불어서 불이 산소와 잘 만나게 하면 돼.

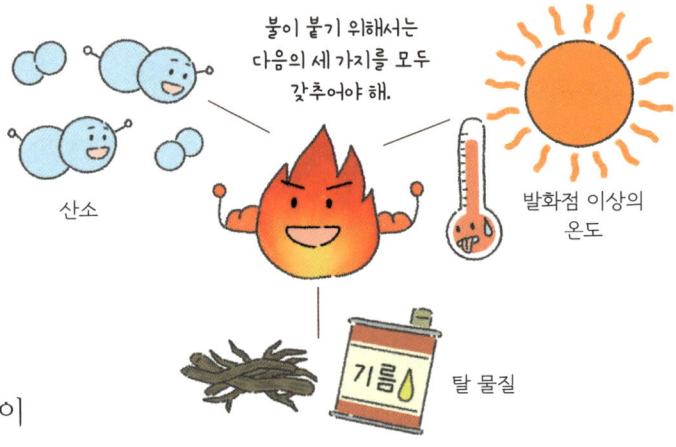

화로가 풀밭에 있어서 산불이라도 날까 봐 걱정된다고? 걱정하지 마. 화로는 불씨가 밖으로 튀지 않게 오목한 항아리 모양을 하고 있으니까. 바람이 통하는

연소와 소화를 관찰해 봐!

성냥에 불을 붙여서 초에 대 봐. 심지에 대고 있으면 어느 순간 불이 확 붙어. 발화점이 되면 불이 붙기 때문이야. 성냥은 머리 부분부터 불이 확 붙을 거야. 그런데 나무 부분은 조금 늦게 타지? 그건 물질마다 발화점이 달라서 그래. 열을 가하면 발화점이 낮은 물질은 불이 빨리 붙고 발화점이 높은 물질은 불이 늦게 붙어. 그럼 간편 소화기를 만들어 볼까? 페트병에 식초를 붓고 식용 소다를 넣은 풍선으로 씌워. 풍선의 소다를 식초에 부으면 풍선이 부풀어 올라. 부푼 풍선을 조심히 떼어 내서 주둥이를 촛불을 향하게 한 뒤 열어 봐. 촛불이 꺼지지? 식초와 소다가 만나서 만들어진 이산화 탄소가 촛불을 산소와 만나지 못하게 해서 불을 끈 거야.

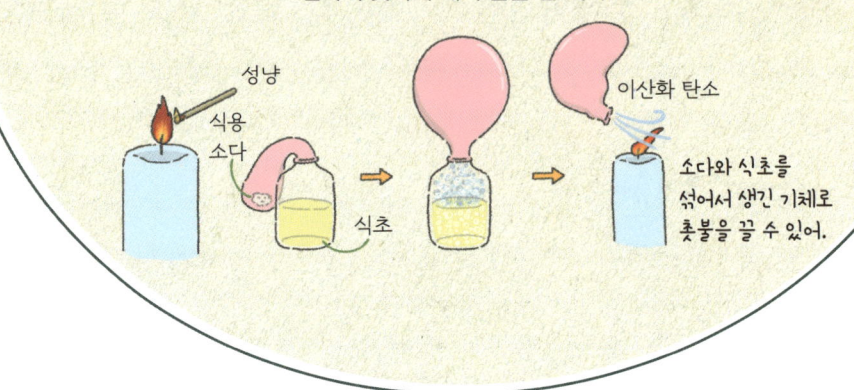

구멍과 주전자를 올려 놓는 입구 말고는 다 막혀 있어. 혹시라도 불씨가 튀면 재빨리 계곡에서 물을 떠 와서 부으면 돼.

불이 붙으려면 세 가지 조건이 모두 필요하지만 불을 끌 때는 그중 하나만 없애면 돼. 알코올램프로 실험할 때 불을 끄려면 어떻게 할까? 맞아. 알코올램프의 뚜껑을 닫으면 돼. 산소가 공급되지 않게 막은 거야. 불이 났을 때 옷이나 담요로 덮어서 산소 공급을 막는 것과 같아. 물을 부어도 불이 꺼지지? 물이 불을 덮어서 산소 공급을 막고 차가운 물이 물체의 열을 빼앗아가서 온도를 발화점 아래로 내린 거야.

소년이 열심히 불어서 물이 잘 끓었어. 이제 찻물을 우려내야 해. 차를 맛있게 우리려면 어떻게 해야 할까?

찻물이 우러나는 원리는 무엇일까?

소년은 화로에서 물을 끓이고 있어. 그럼 두 사람이 마시는 찻물은 누가 우린 걸까? 찻잔을 입에 대고 있는 사람이 찻물을 우려냈나 봐. 가까이에 다관과 찻잔이 있으니 말이야. 다관은 찻잎을 넣고 물을 부어서 찻물이 우러나게 하는 기구야. 찻물을 우리는 방법은 간단해. 뜨거운 물에 찻잎을 넣으면 돼. 그러면 물이 점점 색깔이 변하며 차의 맛과 향이 물에 녹아나. 차를 우린다는 건 찻잎에서 물에 녹는 성분만 녹여 내는 거야.

　이렇게 **혼합물에서 어떤 특정 용매에 녹는 성분만 녹여서 뽑아내는 방법**을 **추출**이라고 해.

　커피 가루를 커피 필터에 넣고 뜨거운 물을 부으면 아래로 커피 물이 떨어지는 걸 많이 보았을 거야. 커피 가루에 물을 부으면 커피 가루는 필터에 걸러지고 물에 녹는 성분만 녹아서 떨어지는 거야.

커피 가루는 필터를 통과하지 못해. 이걸 '거름'이라고 해.

커피 가루에서 물에 녹는 성분만 물에 녹아서 물과 함께 떨어져. 이걸 '추출'이라고 해.

　혼합물에서 특정 물질을 분리하기 위한 방법은 여러 가지가 있어. 원두커피는 **알갱이의 크기 차이로 분리**하는 **거름**과 **용매에 녹는 정도로 분리**하는 **추출**, 이 두 가지 방법으로 만드는 거야.

　찻물이 우러나는 걸 눈으로 보고 싶다면 뜨거운 물이 든 투명한 유리컵에 차가 든 티백을 넣고 보면 돼. 뭔가 아지랑이같이 흘러내리면서 투명한 물이 점점 차의 색으로 변하지? 추출된 차의 성분이 물과 섞이면서 **확산**하는 거야.

　다관이나 찻잔같이 차를 마실 때 사용하는 그릇을 다기라고 해. 다기는 자기나

차의 맛과 향을 우려내는 '추출' 과정이야. 차는 오래 우릴수록 농도가 진해져.

따뜻한 물로 다관과 찻잔을 데워. 따뜻한 물의 열이 그릇으로 이동하는 거야.

찻잔　다관

금속 등 열에 강한 재료로 만들지. 뜨거운 물을 부어도 깨지지 않고 열을 오래 품고 있어야 하거든. 차를 우리기 전에 뜨거운 물을 다관과 찻잔에 부었다가 버리는 걸 본 적 있니? 애써 끓인 물을 왜 버리나 싶지? 다관과 찻잔을 미리 데우려고 붓는 거야. 다관과 찻잔이 차가우면 아무리 뜨거운 물을 부어도 열을 빼앗겨서 찻물 온도가 낮아지거든. 그러면 찻물이 우러나는 맛있는 온도를 맞추기 어려워. 그리고 다관과 찻잔을 소독하는 것이기도 해. 맛있는 온도에서 차를 즐기기 위해 이렇게 여러 가지 방법을 이용하는 거야.

따뜻한 날에 산을 오르느라 땀이 많이 났을 텐데 두 사람은 뜨거운 차를 마시고 있어. 더운데 뜨거운 차를 마시면 더 덥지 않을까? 그렇지 않아. '이열치열'이라는 말도 있잖아. 따끈한 차를 마시면 몸이 더워지면서 땀이 나와. 땀은 금세 증발하는데, 땀이 증발하며 열을 가져가서 오히려 시원한 기분이 들지.

시원한 바람과 소나무 향, 물 흐르는 소리와 새소리를 들으며 마시는 차는 정말 맛이 있을 거야.

소나무 아래에 앉은 이유는 무엇일까?

선비들은 소나무 가지가 늘어진 아래에 앉아 있어. 주변이 뻥 뚫린 언덕이군. 옆에서는 계곡물이 흐르니 시원할 거야. 계곡물 표면에서 물이 증발하면서 열을 가져가니까. 하지만 불 앞에서 물을 끓이고 있는 소년은 정말 덥겠지? 보글보글 물 끓는 소리와 뜨거운 김, 화로에서 나오는 열기와 연기 때문에 더 힘들어 보여. 계곡물 소리가 얼마나 시원하게 들릴까? 뛰어들고 싶을지도 몰라. 소년이 있는 자리는 가지 끝, 잎도 없는 부분이어서 햇빛이 가려지지 않아 더 더울 듯해.

화학으로 옛 그림을 본다면

우리 몸에 햇빛을 직접 받으면 덥지? 태양으로부터 태양열이 오기 때문이야. 태양에서 열에너지가 직접 날아오지. **중간에 전달하는 물질 없이 열이 직접 이동하는 것**을 **복사**라고 해. 모든 물체는 자기 온도에 맞게 복사열을 방출해. 눈을 감고 손바닥을 볼 가까이 대 봐. 따뜻함을 느낄 수 있지? 몸에서 나오는 복사열을 느낀 거야. 추울 때 혼자 있는 것보다 여러 명이 같이 있는 게 덜 추워. 몸에서 서로 복사열을 방출하거든. 그러니 더울 땐 가까이 붙지 않는 게 좋겠지?

햇볕이 뜨거울 때 그늘에 들어가면 어떠니? 햇빛을 바로 쬐지 않아서 시원할 거야. 빛은 장애물이 있으면 뚫고 지나가지 못하거든. 그래서 그늘에 앉으면 시원하지. 소나무든 다른 나무든 나무 아래에 앉으면 나뭇잎이 햇빛을 막고 그늘을 만들어 주니까 시원해.

그런데 소나무 아래는 비교적 풀이 무성하지 않아서 앉기가 좋아. 소나무 아래로는 햇빛이 내려오기 힘들어서 다른 풀들이 살기 어렵거든. 왜냐고?

소나무가 햇빛을 잘 막기 때문이야. 보기에는 넓은 잎이 달린 나무가 더 무성해 보이지만 그렇지 않아. 넓은 잎이 달린 나무는 잎들이 서로 햇빛을 잘 받도록 제각기 비껴 나 있어. 그래서 햇빛이 나무 아래까지 닿을 수 있어. 하지만 소나무는 솔잎이 가지에 더 빽빽하게 달려 있어서 소나무 아래 지표면에는 햇빛이 닿기가 어려워. 게다가 다른 식물의 생장을 억제하는 물질도 분비하지. 소나무 아래에서는 작은 풀들이 잘 자라지 못하는 이유야. 그러니 소나무 아래에 앉으면 더 시원하겠지? 그래서 이 그림 속의 남자들은 소나무 아래에 자리를 잡았나 봐.

공원을 걷다가 나무 그늘에 앉아 물이라도 한잔 마시면 시원하고 기분이 좋아져. 바람이라도 불면 땀이 증발하니까 더 시원하지. 가만히 있으면 근육이 움직이면서 만드는 열도 줄어드니까 더 시원할 거야. 더울 때는 되도록 사람들과 떨어져 있는 게 좋겠지? 복사열을 받지 않도록 말이야.

화학으로 옛 그림을 본다면 113

15

바람 불고 눈 내리는 밤의 여행

풍설야귀인

최북, 18세기, 종이에 옅은 채색, 개인 소장

"휘이잉, 휘잉."

    엄청나게 바람이 세게 부나 봐. 커다란 나무들도 나뭇가지가 많이 휘어 있으니 말이야. 〈풍설야귀인〉은 '눈보라가 치는 밤에 집으로 돌아오는 사람'이라는 제목의 그림이야. 괴짜 화가로 유명한 최북이 당나라 문인인 유장경의 시를 표현한 그림이야.

    날은 저물고 푸른 산은 아득한데 / 차가운 하늘 아래 눈 덮인 집은 쓸쓸하기만 하네
    사립문 밖에 개 짖는 소리 들리고 / 눈보라 치는 밤에 돌아오는 나그네

    최북은 힘들게 산 자신을 그림 속 나그네로 그린 것 같아. 운명이었던 걸까? 최북은 눈보라 치는 겨울에 눈 속에서 얼어 죽었다고 해. 이 그림은 손가락에 먹물을 묻혀서 그린 거야. 그래서인지 거칠면서 힘이 느껴지는 선에서 살을 에는 바람이 느껴져.

    밤이라 전체적으로 어두운 느낌이야. 어딜 다녀오길래 눈보라가 치는 밤에 돌아오는 걸까? 삐죽삐죽 거친 느낌의 산 위에는 헐벗은 나무들이 늘어 서 있어. 바람에 미친 듯이 춤추고 있는 나무들 사이에 초가가 한 채 보여. 울타리를 친 사립문 밖에 검은 강아지가 한 마리 나와 있어. 꼬리를 들고 뛰는 것처럼 보이는 모습은 나그네를 반기는 걸까, 경계하는 걸까? 모자를 눌러쓴 나그네가 지팡이를 짚으며 가고 있어. 지팡이가 기울어지고 등이 굽은 모습으로 보아 많이 지쳐 있는 듯해. 그 옆으로는 어린 소년이 함께 걷고 있고…. 따뜻한 집이 얼마나 그리울까? 매서운 바람은 그칠 줄을 모르네.

눈보라가 치면 어떻게 될까?

    어둠이 내린 하늘이 스산해 보여. 눈이 덮인 풍경이라 희끗희끗하네. 바람이 얼마나 심한지 커다란 나무들과 풀들이 정신없이 흔들리고 있어. 그림만 봐도 매서운 바람이 느껴지는 듯해.

펑펑 내리는 함박눈을 보면 기분이 어떠니? 온 세상이 하얗게 변해서 깨끗하고 아름다워 보여. 하지만 바깥을 돌아다니려면 여간 힘든 게 아니야. 눈은 왜 내릴까?

눈은 구름으로부터 내리는 얼음 알갱이야. 구름 속의 수증기가 찬 기운을 만나면 얼어붙어. 이 얼음 알갱이에 수증기나 물방울이 달라붙으면서 얼어서 눈송이가 되는 거야. 스키장에서 제설기로 눈을 만드는 광경을 본 적 있니? 팬이 빠르게 돌아가면서 물을 뿌리면 얼어서 눈으로 내리잖아? 제설기가 물을 아주 작은 입자로 만들어서 쏘아 올리면 이 물 입자가 찬 공기와 만나면서 눈으로 변하는 거야.

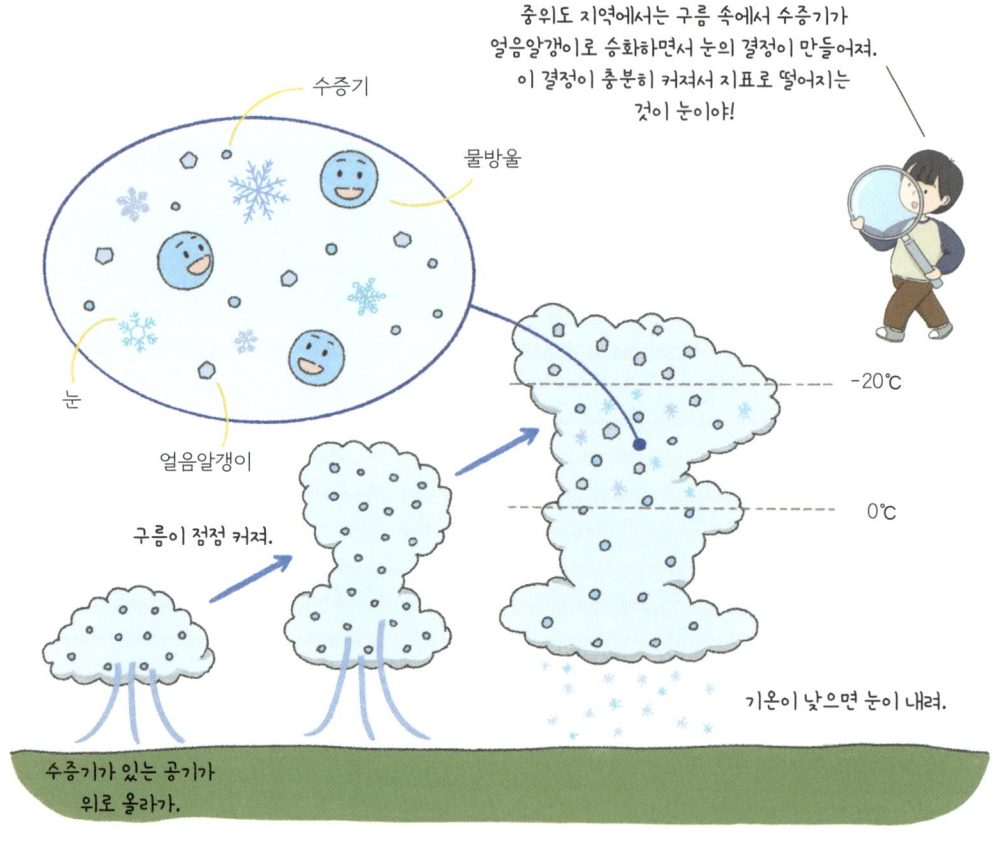

중위도 지역에서는 구름 속에서 수증기가 얼음알갱이로 승화하면서 눈의 결정이 만들어져. 이 결정이 충분히 커져서 지표로 떨어지는 것이 눈이야!

수증기
물방울
눈
얼음알갱이
구름이 점점 커져.
-20℃
0℃
기온이 낮으면 눈이 내려.
수증기가 있는 공기가 위로 올라가.

눈을 밟으면 뽀드득뽀드득 소리가 나지? 눈 결정 사이에 공간이 많기 때문이야. **눈을 밟으면 결정 사이의 간격이 좁아지고 서로 부딪히면서 소리가 나는 거지.** 이

소리로 온도를 알 수 있다고 해. 온도가 영하 5도 이상이면 뽀드득 소리가 나고, 영하 5도보다 낮으면 더 높은 소리가 난대. 눈은 감성적이지만 눈보라는 무서워. 눈보라는 **공중에서 내리는 눈이 강한 바람에 날려서 앞이 잘 보이지 않는 현상**이야. 눈이 날리면 앞이 뿌옇게 흐려져서 잘 보이지 않아. 게다가 강한 바람이 불어서 더 추워. 계속 차가운 바람이 불면 몸의 열이 빠져나가게 되니까. 몸에 달라붙은 눈은 체온 때문에 녹으면서 몸의 열을 가져가지. 그래서 눈보라 속에서 오래 걸으면 체온이 점점 낮아져. 앞도 안 보이고 바람도 세니 걷기도 힘들지. 겨울철 산에서 조난을 당하는 것도 대부분 눈보라 때문이야. 앞이 잘 보이지 않아서 헤매다 보면 체온이 떨어지거든. 눈보라 속에서 나그네는 무사히 집에 돌아갔을까?

눈의 여러 가지 결정 모양

눈의 여러 가지 결정 모양

눈보라가 치는 추운 밤을 어떻게 견딜까?

사립문 밖에서 강아지가 뛰어노네. 그런데 발이 빠지지 않아. 바닥이 단단하게 얼었나 봐. 계곡물도 꽁꽁 얼어붙었어. 해까지 져서 밤이 되었으니 얼마나 추울까? 두 사람은 저 찬 바람을 온몸으로 맞고 있어. 지팡이를 짚은 사람은 짐이 없어 보여. 엉거주춤한 자세인 것으로 보아 소년이 짐을 들고 있나 봐. 먼 길을 걸어오는 동안 손과 발이 다 얼었을 거야. 다행히도 둘 다

모자가 열이 빠져나가는 걸 막아 줘.

머리에서 열이 빠져나가 더 추워.

화학으로 옛 그림을 본다면　117

모자를 쓴 것 같아. 머리는 추위에 민감한 부위로 열이 많이 빠져나가. 모자만 써도 체온이 2~3도는 높게 유지할 수 있지.

솜이 들어 있어서 겉감은 찬 바람을 막고 공기층은 열이 빼앗기는 것을 막아 줘.

손도 천이나 동물의 털을 댄 토시로 감쌌을 거야. 도포 안에는 두꺼운 솜옷을 입었거나 얇은 옷이라도 여러 겹 겹쳐 입지 않았을까? 그런데 솜옷이나 털 달린 옷은 왜 따뜻할까? 솜옷을 입으면 부푼 솜 사이에 공기가 들어 있어서 안이나 밖으로 열이 전달되는 것을 막아 줘. 동물의 털도 공기층이 있어서 열의 전달을 막아 주지. 소년의 몸이 울룩불룩해 보이는 건 옷 안에 뭔가를 겹쳐 입었기 때문일 거야. 때때로 서민들은 솜옷이 비싸서 짚을 엮어 만든 옷을 덧입었다고 해. 솜이든 짚이든 **공기층을 만들면 바깥의 차가운 기운을 막고 몸의 열이 밖으로 빠져나가는 것도 막아 주지. 공기**는 열을 잘 전달하지 않아서 **단열재**로는 최고거든.

음식 재료를 택배로 시키면 스타이로폼 상자에 담겨서 와. 스타이로폼에 음식 재료를 담으면 왜 온도가 쉽게 변하지 않을까? 스타이로폼을 만져 보면 푹신푹신해. 공기층이 들어 있기 때문이야. 스타이로폼에 있는 공기층은 바깥에서 안으로, 안에서 바깥으로 열이 잘 전달되지 않게 막아서 차가운 물체는 차갑게 뜨거운 물체는 뜨겁게 온도가 유지되지.

스타이로폼은 대부분이 공기층으로 구성되어 열의 전달을 막아 줘.

눈이 내리면 왜 미끄러울까?

소년은 몸의 열을 최대한 빼앗기지 않으려 몸을 웅크리고 있어. 둘 다 눈보라에 비틀거리며 얼어붙은 길을 걷는데 길이 미끄럽지는 않을까? 계곡물도 얼어 있고, 두 사람이 걷는 길도 발이 푹푹 빠지지 않는 걸 보면 꽁꽁 얼어붙은 거야. 눈길을 걷다 보면 미끄러운 곳이 있고, 미끄럽지 않은 곳이 있어. 눈이 내려서 쌓인 곳을 밟으면 미끄럽지 않아. 그런데 눈이 쌓인 곳을 차나 사람이 밟고 지나가 단단해진 자리는 미끄러워. 왜 다를까? 아무도 밟지 않은 곳은 눈이 성기게 쌓여 있어서 그래. 하지만 눈을 단단하게 밟으면 **눈이 눌리면서 녹아서 미끄러워**. 녹은 눈은 다시 얼어붙을 테고 말이야. 그런 과정이 반복되면 얼음처럼 되지. 만년설이 있는 곳은 눈이 내리면서 계속 쌓이고, 눈의 무게에 눌려서 압축되서 얼음으로 변했어. 이렇게 **눈이 오랫동안 쌓이고 다져져서 만들어진 얼음층이 바로 빙하야**.

쌓인 눈이 무게 때문에 다져져서 만년설이 되고, 압력을 받아 굳어져서 빙하 얼음이 돼.

- 눈
- 눈 알갱이
- 만년설
- 빙하 얼음

빙판에서 스케이트를 타면 미끄럽지? 왜 얼음은 지면보다 미끄러울까? 그건 마찰력이 작기 때문이야. 얼음 표면에는 얇게 층을 이룬 물이 있는데, 이 물이 마찰력을 줄여 주지. 고체인 얼음의 분자 구조를 보면 전체가 같지 않고 표면이 좀 달라. 얼음 표면은 물과 비슷한 구조를 하고 있어. 게다가 빙판에서 스케이트를

화학으로 옛 그림을 본다면

타면 움직이면서 생기는 마찰열로 스케이트 날 부분의 얼음이 녹아서 더 미끄러운 거야.

압력이 커져서 녹은 게 아니냐고? 물은 압력이 커지면 어는점이 낮아져. **어는점**은 **물질이 액체 상태에서 고체 상태로 변할 때 온도야. 고체에서 액체로 변할 때 온도**는 **녹는점**이라고 하지. 어는점과 녹는점은 같아. 압력이 커지면 물의 어는점과 얼음의 녹는점은 내려가. 스케이트날이 얼음을 누르면 그 압력으로 얼음이 녹아. 이 녹은 정도로는 부족해. 순간적으로 녹은 물은 다시 얼거든. 얼음 위로 스케이트를 탈 수 있는 건 얼음의 분자 구조와 마찰열, 압력 등 여러 가지 원인이 합쳐져서야.

얼음 표면을 자세히 보면 일시적으로 스케이트 날과 얼음 사이에 물이 생겨서 스케이트 날이 잘 미끄러져.

눈이 많이 온 날 거리에 염화 칼슘이 많이 뿌려져 있는 걸 봤을 거야. 염화 칼슘은 주변의 습기를 흡수해서 녹는 성질이 있어. 염화 칼슘이 녹으면서 열을 내놓는데, 그 열로 눈이나 얼음이 녹아. 소금을 뿌려도 눈이 녹아. 소금이 눈 속의 수분을 흡수해서 소금물이 되거든. 이때 소금 분자가 물 분자들 사이로 들어가는데, 물 분자들끼리 만나서 어는 걸 방해해. 소금물의 어는점이 물보다 낮은 이유야. 바닷물이 왜 잘 얼지 않는지 이제 알겠지?

눈보라가 아주 심한 밤의 그림 속 나그네는 살을 에는 차가운 바람을 그대로 맞고 있네. 세찬 바람에 앞은 잘 보이지 않고 몸의 열은 빠져나가고 있어서 큰일이야. 무사히 집으로 돌아가야 할 텐데. 저기 초가에라도 들러서 좀 쉬다 가면 얼마나 좋을까? 강아지가 짖는 건 어쩌면 위험하니 가지 말라는 신호일지도 모르겠어.

냉동실에 넣지 않고 아이스크림 만들기

작은 지퍼백에 우유와 설탕을 넣어. 그릇에 얼음과 소금을 넣고 섞어. 지퍼백을 얼음 속에 파묻히도록 넣어. 그럼 끝! 시간이 지난 뒤에 열어 보면 아이스크림이 되어 있을 거야. 소금과 얼음을 섞으면 소금이 녹으면서 물 분자 사이로 들어가. 얼음은 녹으면서 주변의 열을 흡수하지. 또 얼음 녹은 물에 소금이 녹으면서 열을 흡수해. 그렇게 온도가 내려가면 설탕을 넣은 우유가 얼지. 소금과 얼음을 섞으면 어는점이 내려가서 영하 18도 정도로 온도가 낮아지거든. 냉동실에 넣지 않아도 아이스크림을 만들기에 충분해!

화학으로 옛 그림을 본다면

16

봄날에 찾아간 산속의 외딴집

산속의 집
이인상. 1734년. 종이에 옅은 채색. 국립중앙박물관

"어디를 보고 있는가?"

절벽 아래에 초가가 하나 있어. 그 주변에 네 그루의 나무가 서 있네. 초가 안에는 한 사람이 앉아서 밖을 보고 있어. 집의 모양이 일자 같기도 하고, ㄱ(기역) 자 같기도 하네. 사람이 잘 보이게 하려고 방향을 많이 틀어서 그랬는지 집 모양이 어색해 보여. 〈산속의 집〉은 조선 후기의 문인화가 이인상이 그린 그림이야.

초가의 위치를 보면 뒤쪽으로는 깎아지른 듯한 벼랑이 펼쳐지는 듯해. 튀어나온 벼랑 끝에 집이 자리하고 있어서 위태로워 보여. 겨울인가? 나무 두 그루에는 잎이 하나도 없어. 반면 뒤쪽에 서 있는 두 그루 나무에는 잎이 무성해. 참 계절을 알기 어려운 그림이야. 그런데 왼쪽 위에 '갑인 춘야 원령사(甲寅春夜元靈寫)'라고 적혀 있는 걸 보니, 춘야 즉 봄밤이군.

원령은 이인상이 성인이 되었을 때 쓴 이름이야. 잎이 다 떨어진 나무가 쓸쓸해 보이기 때문일까. 봄밤이라고 하기엔 분위기가 스산해 보여. 나무 아래 넓적한 바위에는 한 사람이 앉아서 절벽 쪽을 보고 있군. 두 사람은 어디를 보고 있는 걸까? 다투기라도 했을까? 서로 바라보는 방향이 달라 보이니 말이야. 방 안에 있는 사람은 두 손을 소매 안에서 모으고 있는 모양이 마치 팔짱을 끼고 있는 것처럼 보이네. 오른쪽 아래 널따란 마당을 보니 여백의 미가 느껴지는 그림이야.

바위에 앉으면 차가울까?

넓적한 바위에 앉은 사람의 모습을 봐. 무릎을 세우고 팔로 감싸고 있는 자세로 앉아 있는 것 같지 않아? 봄이라도 밤에는 좀 추울 거야. 그래서 몸을 좀 웅크리고 있는 것이 아닐까?

바위에 앉아 본 적이 있니? 바위에 앉으면 차가울까? 그건 언제 바위에 앉느냐에 따라 달라. 하지만 생각보다 바위가 차갑지 않다는 느낌이 든 적이 있을

거야. 여름에는 바위가 오히려 뜨겁지. 앉으려다 뜨거워서 깜짝 놀랄걸. 뜨거운 햇볕을 받아서 바위가 데워져 있거든. 모든 물질은 열을 받으면 따뜻해지고 열을 잃으면 차가워지지. 그런데 물질마다 따뜻해지고 차가워지는 정도가 달라.

같은 양의 열을 받았을 때 물질마다 열을 전달하는 정도인 **열전도도**가 달라서야. 열전도도가 큰 물질은 열을 빨리 전달해서 금방 뜨거워지고 금방 차가워져.

더운 여름에 금속으로 만든 의자와 나무로 만든 의자 중 어느 쪽이 앉기에 좋을까? 나무 의자가 좀 더 시원해서 앉기 좋을 거야. **금속은 열을 잘 전달하거든. 반면 나무는 열을 잘 전달하지 않지.**

금속 의자는 열전도가 잘 돼서 여름에 앉으면 뜨거울 때가 있어.

나무 의자는 열전도가 잘 안 돼서 여름에도 덜 뜨겁지.

바위는 어떨까? 열전달이 빠르지는 않아. 그래서 돌은 천천히 데워져. 돌로 만든 뚝배기와 금속으로 만든 냄비를 비교해 보면 쉽게 알 수 있어. 금속 냄비에 물을 끓이면 빨리 끓어서 금방 음식을 할 수 있어. 하지만 뚝배기는 시간이 걸려. 대신 음식을 먹을 때 냄비의 음식은 빨리 식지만 뚝배기의 음식은 천천히 식어. 식사하는 동안 국을 계속 따끈하게 먹고 싶으면 뚝배기에 먹어야겠지?

뜨거워진 냄비를 손으로 잡으면 어떻게 될까? 화상을 입을지도 몰라. 이를 막기 위해

옷감은 열전도도가 낮아서 냄비의 열이 잘 전달되지 않아!

냄비 손잡이는 열전도도가 작은 물질로 만들어. 열전도도가 다른 물질의 성질을 이용해서 생활에 편리한 도구를 만든 거지.

그림의 시간대가 낮이라면 햇볕에 바위가 달구어져서 아주 따뜻할 거야. 그렇지만 밤이라면? 밤이어도 바위는 천천히 식으니 아직은 따뜻할 거야. 물론 방 안에 있는 사람에 비하면 더 춥겠지만 말이야.

헐벗은 나무는 겨울을 어떻게 대비하는 걸까?

그림을 좀 더 자세히 보니 나무들이 좀 달라. 두 그루는 잎이 모두 떨어지고, 다른 두 그루는 잎이 달려 있어. 잎이 떨어진 나무는 겨울을 나려고 잎을 떨어뜨린 거야. 날이 추워지면 나무는 왜 잎을 떨어뜨릴까? 잎이 달린 나무는 왜 잎을 떨구지 않았을까?

추워지면 잎이 떨어지는 나무를 **낙엽수**라고 하는데, 대부분 잎이 넓적하게 생긴 **활엽수**야. 잎이 떨어지지 않는 나무는 **상록수**라고 하는데, 대부분 잎이 뾰족뾰족하게 생긴 **침엽수**야.

겨울이 오면 차가운 바람이 불고 눈이 내려. 긴 겨울을 지내기 위해 겨울잠을 자는 동물들처럼 나무도 겨울 준비를 해. 추위가 다가오면 나무들도 살기가 힘들어지거든. 나무의 겨울 준비는 나뭇잎을 떨구는 거야.

나뭇잎은 빛을 받아서 양분을 만드는 광합성을 하고, 수분을 내보내는 증산 작용을 해. 그런데 가을과 겨울에는 햇빛의 양이 줄어들어. 그러면 광합성 양도 줄어들고 양분을 만들기 어려워져. 그런데 잎에서 증산 작용을 계속하면 물과 열이 빠져나가 버려. 겨울에는 뿌리로 들어오는 물의 양이 줄어드니 굳이 물을 잎으로 내보낼 필요도 없어. 그러니 나무로서는 잎이 필요없어져서 잎을 버리는 거야.

증산 작용은 잎의 기공에서 일어나는데, 넓은 잎은 표면적이 넓어서 기공이 많이 있어. 기공이 많은 넓은 잎은 증산 작용을 하면 수분을 많이 잃게 돼. 그래서 잎이 넓은 활엽수는 햇빛의 양이 줄어드는 가을과 겨울이 되면 잎을 떨어뜨려 버려.

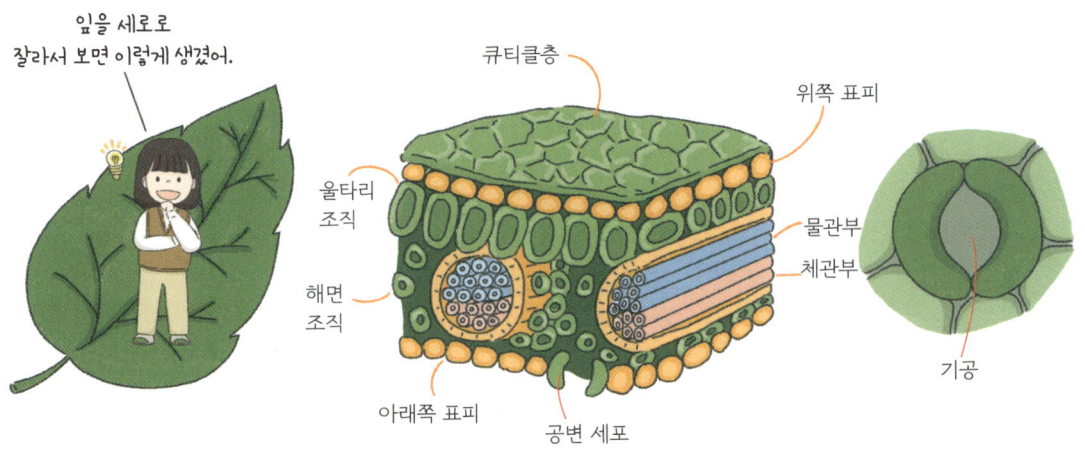

그럼 잎이 떨어지지 않는 나무는 어떻게 하느냐고? 잎이 뾰족하고 작은 바늘잎은 잎의 부피에 비해 표면적이 작아서 넓은 잎에 비해 기공수가 훨씬 적어. 그러니 넓은 잎에 비해 증산 작용도 적게 일어나겠지?

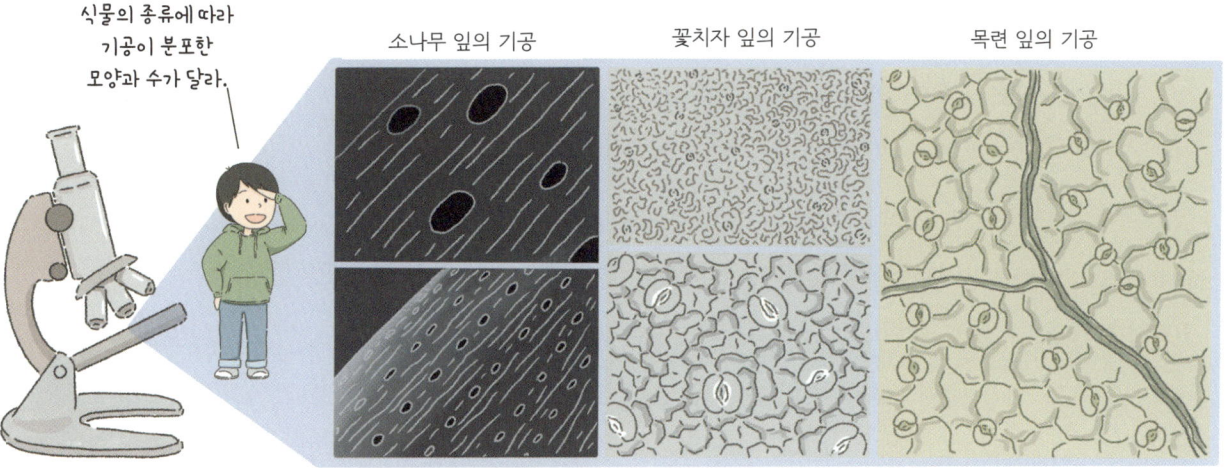

겨울에 나무가 버틸 수 있는 조건이 또 있어. 나무 안의 **체액 농도**를 높이는 거야. 나무 안의 **체액 농도가 높아지면 겨울에도 얼지 않거든.** 농도가 높으면 0도까지 내려가도 나무 안의 수분이 얼지 않아. 만약 나무 안에 물이 많은 상태로 기온이 영하로 떨어지면 어떻게 될까? 세포 안의 물이 얼면서 세포가 파괴되지. 그러니 나무들은 몸 안의 농도를 높여야 해. 증산 작용이 적은 침엽수는 굳이 잎을 떨어뜨리지 않아도 나무 내부의 농도를 높이기만 해도 겨울을 날 수 있어. 그리고 잎을 덮은 기름 성분의 큐티클층을 늘려서 수분 증발을 막아. 그렇게 겨울을 보내고 봄이 오면 상록수가 낙엽수보다 먼저 광합성을 할 수 있어.

겨울에 나무를 만져 본 적 있니? 생각보다 차갑지 않을 거야. 나무는 열전도도가 작아서 열전달이 잘 안 되거든. 그러니 바깥이 아무리 추워도 밖으로 열을 뺏기지 않아서 나무가 얼지 않는 거야.

아궁이에 불을 피우면 왜 집이 따뜻해질까?

팔짱을 낀 남자가 있는 집을 볼까? 돌을 높이 쌓은 위로 초가가 서 있어. 볏짚으로 지붕을 얹은 소박한 집이라 추워 보인다고? 허술해 보인다고 무조건 춥지는 않아. 아마 바닥은 뜨끈뜨끈할지도 몰라. 소박한 초가든 화려한 기와집이든 우리의 옛집에는 대부분 온돌을 설치했어. **온돌**은 **우리나라 고유의 난방 장치**야. 아궁이에 불을 때면 뜨거운 열기가 방바닥 아래의 공간을 지나가면서 방바닥 아래에 깔린 구들장을 데우지. 아궁이의 열기가 구들장에 전달되는 거야. 구들장은 달궈진 쪽부터 서서히 열이 전달되어 전체적으로 따뜻해져. 이렇게 따뜻해진 구들장은 열을 방출해서 방 안을 따뜻하게 만들어. 방바닥에 누우면 따끈한 구들장의 열이 몸으로 전달돼서 몸이 따뜻해지는 거야. **열의 전달 방법**인 **전도, 대류, 복사를 모두 이용한 난방 장치**지.

구들장이 뜨거워지는 건 물질을 통해 열이 전달되는 현상인 전도를 통해서야.

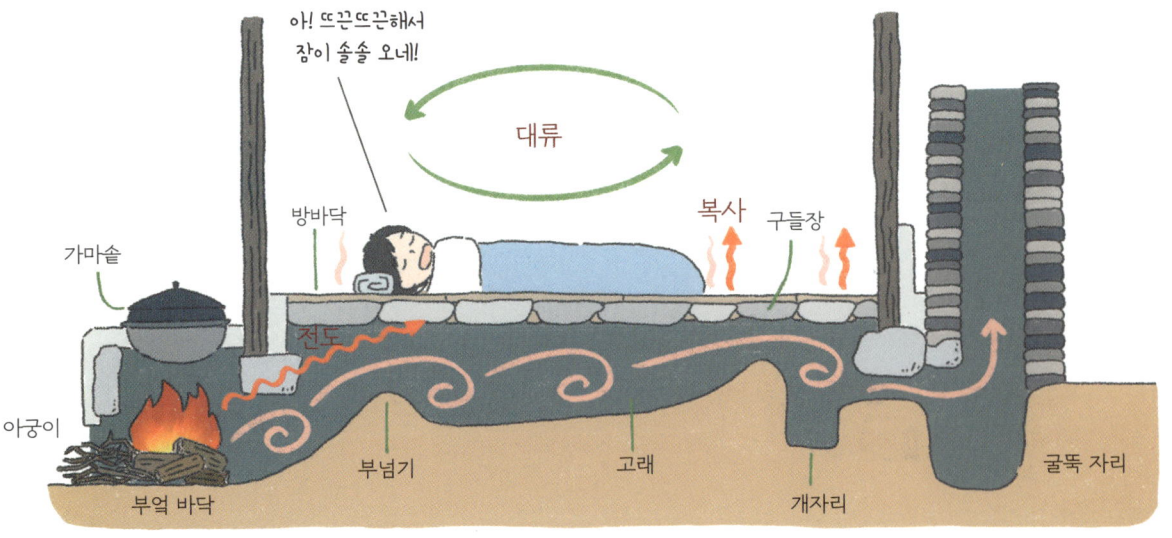

뜨거운 구들장이 열을 밖으로 방출하는 건 물질을 통하지 않고 직접 열이 전달되는 복사고 말이야. 방바닥이 따뜻하면 공기가 데워지면서 따뜻한 공기는 위로 올라가고 차가운 공기는 아래로 움직이면서 열이 전달되는 대류 현상이 일어나. 이런 과정을 통해 방 안이 골고루 따뜻해지지.

　요즘 난방 방식은 아궁이 대신 보일러를 이용하고 구들장 대신 물이 지나가는 관을 방바닥에 촘촘하게 깔아. 보일러에서 데워진 물이 방바닥에 깔린 관을 지나면서 방을 데우는 방식이지.

　우리나라는 계절별로 기온이 달라서 날씨 변화가 심하므로 그에 맞게 집을 지어야 해. 옛날에는 초가의 지붕이나 집의 기둥은 볏짚과 나무같이 단열이 잘 되는 재료로 지었어. 겨울엔 추위를 막아야 하니까. 지금은 단열재를 넣고 냉난방 장치로 집 안의 온도를 조절하지.

　옛 그림을 보다 보면 산속에 초가가 그려져 있는 걸 많이 볼 수 있어. 선비들은 청빈, 절약, 검소, 스스로 만족하는 마음을 선비가 갖춰야 할 덕목이라고 생각했거든. 그래서 옛 그림에는 산속 초가 안에 선비가 앉아 있는 모습이 많아. 요즘도 자연 속에서 여유로운 전원 생활을 꿈꾸는 사람들이 많은 것을 보면 옛 사람들과 생각이 그리 다르지 않은 것 같아.

17

월식이 있는 날에 대동강에서 열린 잔치

월야선유도
김홍도, 〈평양감사향연도〉 중 한 폭. 종이에 채색.
국립중앙박물관

"둥둥둥. 와~아아!"

　북소리와 사람들의 함성이 한데 섞여 밤하늘에 울려 퍼지고 있어. 평양에 평안 감사가 새로 부임을 했어. 〈평양감사향연도〉는 평양의 백성들이 모두 나와서 평안 감사를 환영하는 잔치를 그린 그림이야. 〈연광정연회도〉, 〈부벽루연회도〉, 〈월야선유도〉 이렇게 세 폭으로 되어 있어. 그중 〈월야선유도〉는 달이 뜬 밤에 대동강에서 열린 잔치를 담았어.

　전체적으로 화려하고 웅장한 느낌이야. 수많은 배와 수많은 사람, 거대한 성벽과 건물들이 하나하나 매우 정교하게 그려져 있어. 잔치 장면을 세세하게 그린 기록화의 성격을 띠고 있지.

　대동강에 떠 있는 많은 배들 가운데 가장 크고 화려한 배의 정자 안에 평안 감사로 보이는 사람이 앉아 있어. 평안 감사는 평안도 관찰사라고도 불러.

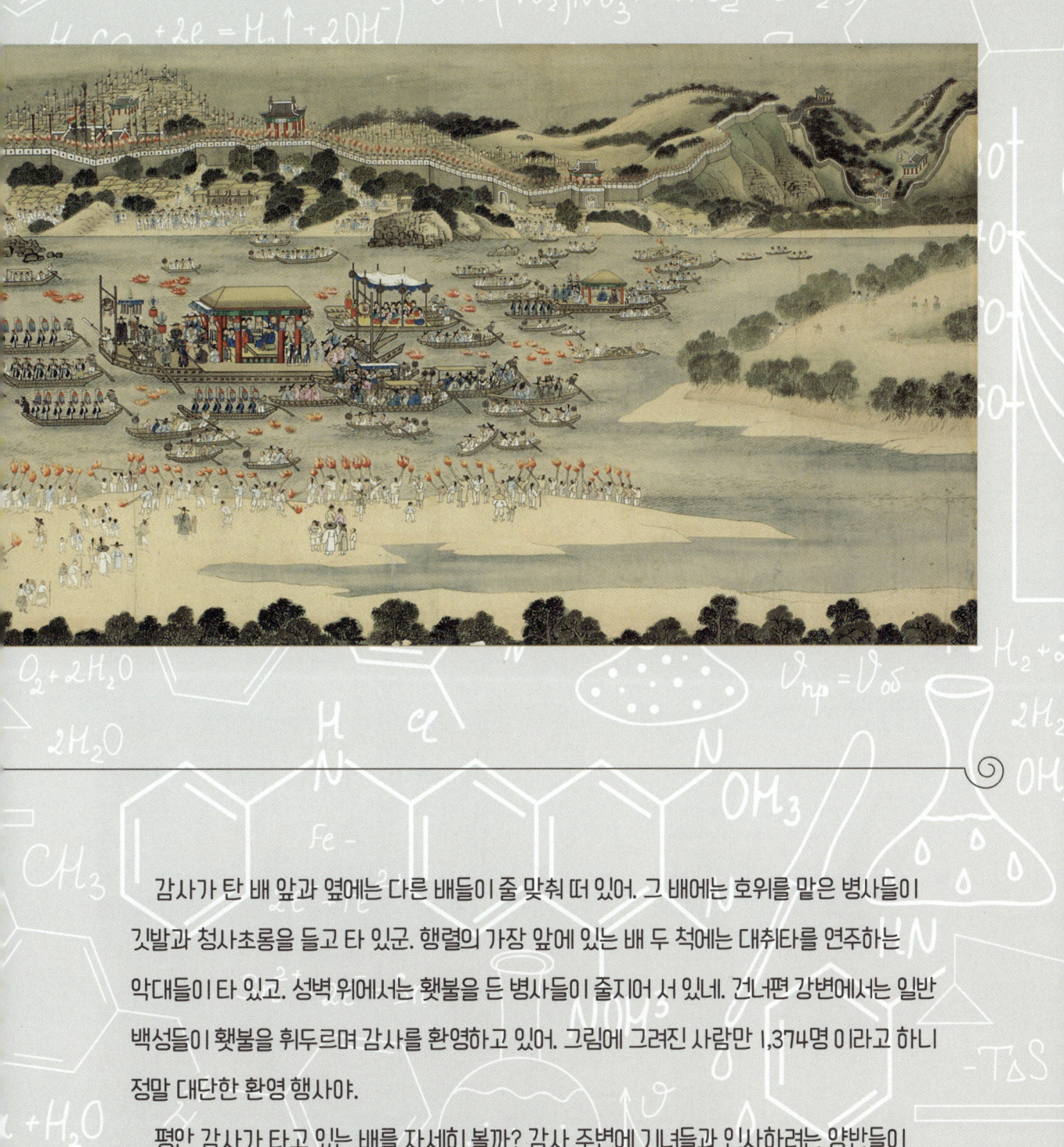

　　감사가 탄 배 앞과 옆에는 다른 배들이 줄 맞춰 떠 있어. 그 배에는 호위를 맡은 병사들이 깃발과 청사초롱을 들고 타 있군. 행렬의 가장 앞에 있는 배 두 척에는 대취타를 연주하는 악대들이 타 있고. 성벽 위에서는 횃불을 든 병사들이 줄지어 서 있네. 건너편 강변에서는 일반 백성들이 횃불을 휘두르며 감사를 환영하고 있어. 그림에 그려진 사람만 1,374명이라고 하니 정말 대단한 환영 행사야.

　　평안 감사가 타고 있는 배를 자세히 볼까? 감사 주변에 기녀들과 인사하려는 양반들이 있어. 정자 바로 앞에서는 악사들이 연주를 하고 호위를 맡은 군사들이 노를 젓고 있네. 배 맨 앞에 있는 사람은 하얀 원통이 매달린 장대를 들고 있어. 뭘 하고 있는 걸까?

심지에 불을 붙이면 원통에서 무슨 일이 벌어질까?

이렇게 수많은 사람들 속에서 병사들을 어떻게 지휘할까? 보통 병사들은 깃발이나 소리에 맞춰서 움직여. 달이 환하게 뜬 밤이라면 그래도 좀 나았을 테지만 오늘은 월식이 있는 밤이라 더 깜깜해. 원통이 달린 장대를 든 사람은 성벽 위에 횃불을 들고 있는 수많은 병사에게 신호를 보내려는 거야.

어두워서 깃발은 잘 안 보이고 많은 사람이 모여서 웅성거리고 있어서 웬만한 소리로는 신호를 보낼 수 없어. 그래서 성벽에 있는 모든 병사가 볼 수 있게 불꽃으로 신호를 보내는 거야. 하얀 원통에는 화약이 들어 있거든. 원통 아래로 도화선이 나와 있어. 지금 도화선에 불을 붙이고 있네. 도화선을 따라간 불씨가 화약을 만나면 화약이 연소하면서 불꽃이 하늘을 향해 날아오를 거야. 불꽃이 연기와 함께 날아가는 걸 병사들이 보고 신호에 맞춰서 움직이지.

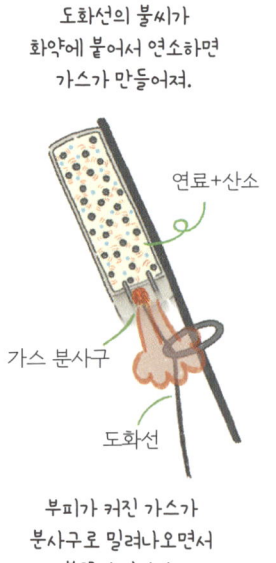

도화선의 불씨가 화약에 붙어서 연소하면 가스가 만들어져.

연료+산소

가스 분사구

도화선

부피가 커진 가스가 분사구로 밀려나오면서 불꽃이 날아가.

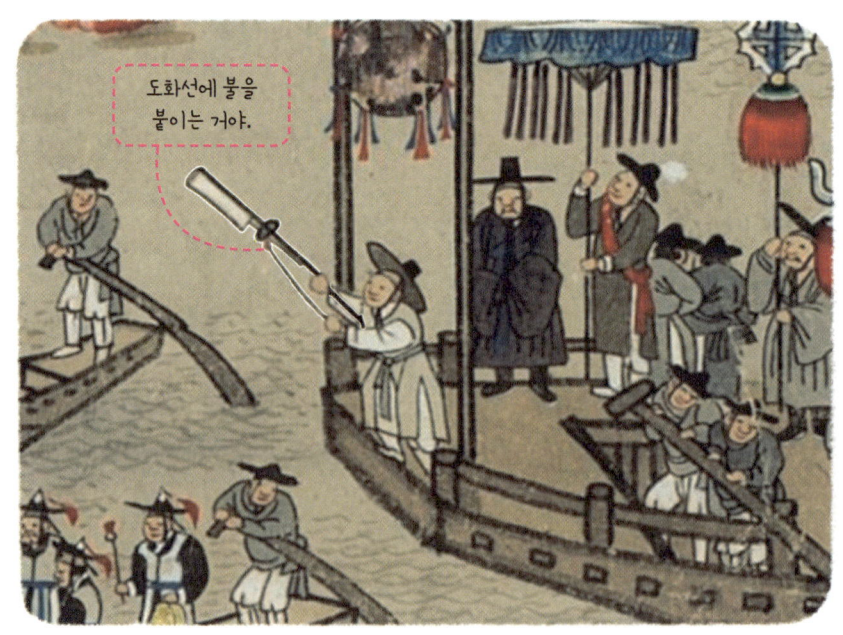

도화선에 불을 붙이는 거야.

불꽃놀이의 비밀을 파헤쳐 봐!

소금, 황산 구리, 수산화 나트륨, 염화 구리 등을 작은 은박접시에 각각 담아. 접시 주위에는 검은 종이를 대고 각 접시에 알코올을 한두 방울씩 떨어뜨리고 불을 붙여 봐. 접시마다 타오르는 불꽃색이 달라. 소금은 노란색, 황산 구리는 청록색, 수산화 나트륨은 노란색, 염화 구리는 청록색이야. 이렇게 색이 다른 이유는 금속의 불꽃 반응 때문이야. 금속 원소마다 다양한 불꽃색을 가지고 있어서 연소할 때 그 불꽃색이 나타나거든. 리튬은 빨간색, 나트륨은 노란색, 구리는 청록색, 칼륨은 보라색 등으로 말이야. 불꽃놀이는 원하는 색상을 가진 금속 원소를 폭죽에 넣어서 쏘는 거야.

소금   황산 구리   수산화 나트륨   염화 구리

나트륨은 노란색, 구리는 청록색의 불꽃을 만들어내고 있어.

폭죽을 본 적이 있니? 화약이 터지는 소리가 나고 불꽃이 하늘로 날아가는 것 말이야. **폭죽**은 **발사체**와 **불꽃탄**으로 되어 있고, 그 안에는 화약이 들어 있어. 화약 안에 있는 연료와 산소에 불씨를 붙이면 연소하면서 가스가 만들어지고, 가스는 부피가 커지면서 압력이 생겨. 그 힘을 한 곳으로 집중시켜서 추진력을 만들지. 발사체의 추진력으로 하늘로 날아가고, 공중에서 불꽃탄이 터지면서 화려한 불꽃을 만드는 거야.

불꽃 축제 구경하러 가 본 적 있지? 건물의 불빛과 가로등의 불빛, 지나가는 차의 불빛까지 여러 색이 모인 야경 속에 커다란 불꽃이 꽃처럼 화려하게 터지면 주변의 은은한 불빛과 어우러져 정말 아름답지. 마찬가지로 저 많은 횃불이 줄지어 있는 모습도 야경처럼 은은하게 예쁠 거야. 그림 속 횃불은 대체 몇 개일까?

화학으로 옛 그림을 본다면

물에 띄운 나뭇짐에도 불이 잘 붙는 이유는 무엇일까?

강 위에 배 수십 척이 함께 떠 있으니 서로 잘 보고 피해야 해. 안 그러면 부딪혀서 가라앉는 사고가 일어날 거야. 그래서 어둠을 밝히려 불을 잔뜩 켜 두었군. 월식이 있는 어두운 밤이라 더 많이 켰지. 어떻게 아느냐고? 그림 왼쪽에 떠 있는 달 모양은 월식이 일어날 때의 모양이거든. 긴 성벽과 강 양쪽에서 사람들이 줄지어 서서 횃불을 흔들고 있어. 그런데 강물에도 불을 띄웠네. 기녀들이 탄 배 뒤쪽을 보면 작은 배에 나뭇짐이 잔뜩 실려 있어. 횃불을 들고 물에 띄운 나뭇짐에 불을 붙이는 모습을 볼 수 있지. 들고 있는 횃불은 바람만 조심하면 되지만 물 위에 띄운 나뭇짐에 붙인 불은 금방 꺼지지 않을까? 그림을 보면 물 위에 있는데도 불이 잘 붙어 있네.

물 위 나뭇짐의 불은 물에 뜨는 통에 나무와 숯을 담아서 붙였어. 물에 띄우려면 물보다 밀도가 작아야겠지? 그리고 물에 젖으면 안 돼. 물에 안 젖으려면 통에 기름을 발랐을 거야. 물과 기름은 안 섞이니까. 나무와 숯에

싸리나 갈대에 불이 잘 붙는 송진이나 기름을 묻히면 바람이 불어도 잘 안 꺼져.

기름이나 송진같이 불이 잘 붙는 물질을 넣고 불을 붙였어. 그래서 물 위에서도 불이 활활 잘 타는 거지. 다 타면 물에 젖어서 저절로 꺼질 테니 배가 일부러 부딪치지 않는 이상 안전할 거야.

성벽과 강을 따라 끝없이 줄지어 있는 횃불은 구경 나온 백성들에게도 다시없는 볼거리야. 그림에 그려진 횃불은 371개야. 정말 크고 성대한 잔치로군.

초롱 속에 촛불이 켜 있으면 불이 나지 않을까?

물 위에 떠 있는 배들을 모두 살펴볼까. 감사를 호위하는 배에는 병사들이 청사초롱을 들고 있고, 작은 배들마다 동그란 등이 다 달려 있어. 멀리서 봐도 평상 위에 앉은 평안 감사의 모습이 보일 듯해. 정자 기둥마다 초롱을 달고 안에도 등롱을 잔뜩 달았네. 초를 넣으면 초롱, 등잔을 넣으면 등롱이라고 해. 눈과 비를 맞아도 젖지 않도록 겉에는 기름을 발랐어. 크기와 장식이 다를 뿐 거의 모든 배에 동그란 등이 달린 걸 볼 수 있어. 저런 초롱 속에 촛불이 있으면 불이 나지 않을까?

촛불 위로 손을 대면 엄청 뜨거워. 하지만 촛불 옆으로 손을 대면 뜨겁지 않아. 그건 초가 타면서 뜨거워진 공기가 위로 가기 때문이야. 열기가 위로 향하니까 등에 불이 나지 않게 위를 뚫어 놓았어. 열기는 위로 올라가고 사방에서 불어오는 바람은 막을 수 있는 모양이지.

초나 등잔에 불이 붙는 건 같은 원리야. 초는 파라핀이나 밀랍에 심지를 넣어 굳힌 거야. 등잔에는 심지와 기름이 들어

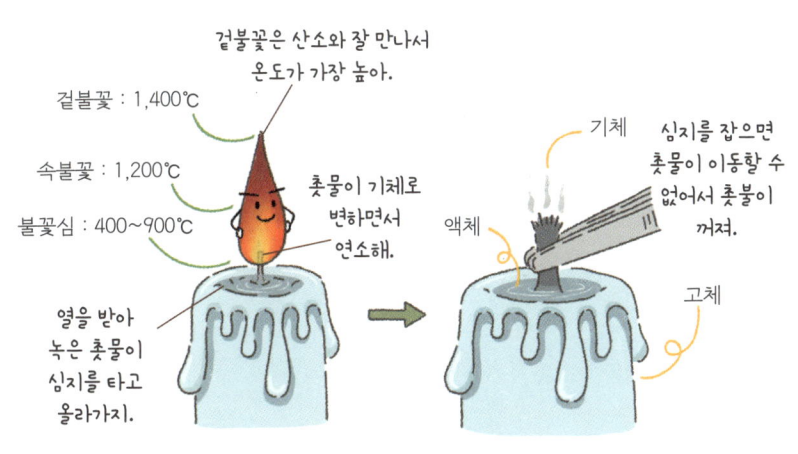

있어. 심지에 불을 붙이면 심지의 가는 틈을 따라서 녹은 촛물이나 기름이 올라와. **모세관 현상**이야. 심지를 타고 올라온 촛물과 기름은 열을 받아서 기체로 변하면서 산소와 만나서 빛과 열을 내지. 그렇게 불은 계속 타올라.

그림 속에 등장한 사람들이 1,374명이라고 하는데, 연회가 끝나고 나서 뒤처리들은 무사히 마쳤겠지? 무엇이든 마무리가 중요하니 말이야.

18
시원한 계곡 옆에서 보낸
즐거운 시간

누각아집도

이인문, 1820년, 종이에 엷은 채색, 국립중앙박물관

"졸졸졸졸."

높은 절벽 사이로 계곡물이 흐르고 있어. 계곡물이 돌아가는 곳에 커다란 누각이 있고 안에는 사람들이 있네. 나뭇잎이 무성하고 숲이 울창한 것으로 보아 한여름이야. 대청에는 의자에 앉아서 계곡을 바라보는 사람, 난간에 기대어 앉은 사람이 있어. 탁자에 기대서 종이를 펴고 있는 사람과 함께 이야기 나누는 사람도 있군. 한쪽에 술상과 거문고가 보여. 음악도 듣고 글과 그림에 관해 이야기도 나누면서 한 잔씩 마시는 시간인가 봐.

바깥에는 화로에 불을 피우는 사람과 음식을 들고 가는 사람이 보여. 화로 옆에는 옹기와 함지박도 있어. 주전자와 짐을 들고 돌다리를 건너는 사람도 보여. 소나무 사이로 난 길을 따라 이야기를 나누면서 오는 사람들도 보이네. 두루마리를 옆에 끼고 따라가는 소년도….

이 그림은 이인문이 76세 때 그린 거야. 한적한 곳에서 선비들과 모여서 한가로이 지낸 것을 기념해서 그렸지. 이인문은 조선 시대 김홍도와 쌍벽을 이룬 화가야.

누각 뒤쪽으로는 흐리게 대나무 숲이 보여. 계곡에서 물보라가 일어나서 흐리게 보이는 걸까? 누각은 높게 쌓아 올린 축대 위에 기초를 놓고 기와로 지붕을 올렸어. 사방으로 문을 열어 놓으니 엄청 시원해 보이네. 더운 여름에 대청에 앉아 있으면 아주 시원하지.

산속에서는 바람이 어떻게 불까?

누각은 지붕 끝자락이 높이 솟아 있는 기와지붕이야. 날렵하게 올라간 처마는 햇빛을 막아 주지. 옆으로 연결된 통로에 음식을 나르는 사람이 보여. 그 앞에선 화로에서 물을 끓이기 위해 부채질을 하는 사람이 있어. 누각은 바람이 잘 통할 수 있도록 문과 창을 많이 만들어 두었어. 전부 열어 놓으면 바람이 마음대로 드나들 수 있으니 얼마나 시원할까? 그림 속 누각에서는 바람이 사방에서 불어올 거야.

그런데 왜 바람이 사방에서 부느냐고? 그건 위치에 따라 기온이 다르기 때문이야. 산등성이나 골짜기, 숲, 마당 등 장소가 어디냐에 따라 햇볕을 받는 양이 달라. 불룩 솟아 있는 산등성이는 햇볕을 많이 받고, 깊게 파여 있는 계곡은 햇볕을 적게 받아. 그러면 한낮의 산등성이는 온도가 높고, 계곡은 온도가 상대적으로 낮아. 낮에는 산등성이가 먼저 가열이 되면서 상대적으로 차가운 계곡에서 산등성이로 바람이 불어.

바람은 공기의 온도 차이와 기압 차이로 일어나는 공기의 움직임이야. 공기의 온도 차이가 생기면 따뜻한 공기는 밀도가 작아져서 위로 올라가고 차가운 공기는 상대적으로 밀도가 커서 아래로 움직이지. 이때 따뜻한 공기와 차가운 공기가 서로 움직이면서 차츰 섞여 따뜻한 공기의 열이 차가운 공기로 전달이 되지. 이렇게 **액체나 기체에서 물질이 이동하면서 열을 전달하는 현상**을 **대류**라고 해. 에어컨을 틀면 방안이 골고루 시원해지지? 차가운 공기가 아래로 내려오고 더운 공기가 위로 올라가면서 대류가 일어나서야. 난로를 켜면 방안이 따뜻해지는 것도 대류를 이용해서 난방을 하는 거지. 산, 숲, 마당 등의

라면 속 대류 현상을 살펴봐!

라면을 끓일 때도 대류 현상을 관찰할 수 있어. 물에 건더기 스프를 넣고 끓기를 기다려. 건더기가 자꾸 위로 올라왔다가 아래로 내려갔다가 하지? 건더기가 움직이는 건 냄비 바닥에서 뜨거워진 물이 위로 움직이고 위쪽 차가운 물이 아래로 내려가기 때문이야. 뜨거운 물이 밀도가 작아져서 위로 올라오고 상대적으로 밀도가 큰 차가운 물이 아래로 내려가면서 열을 전달하는 액체의 대류 현상이야.

뜨거운 물은 위로 이동하고,

차가운 물은 아래로 이동하지.

바로 대류 현상이야.

위치에 따라 열을 받는 정도가 달라서 기온도 위치에 따라 각각 달라. 이렇게 기온 차이가 생기면 대류 현상이 일어나. 그 현상에 따라 바람이 이리저리 불지. 이런 대류 현상 때문에 바람, 구름, 비 같은 기상 현상이 일어나.

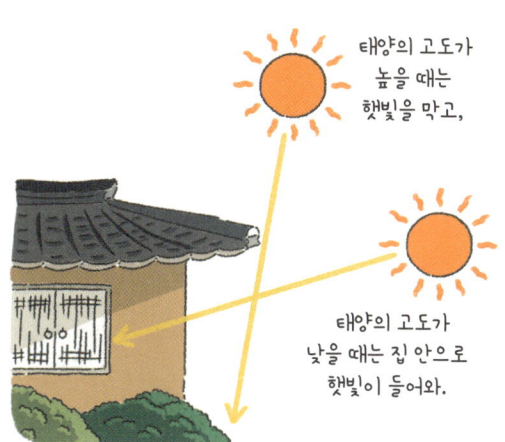

넓게 튀어나온 처마도 누각을 시원하게 만들어. 처마는 집 안으로 들어오는 햇빛의 양을 조절해. 해가 높이 떴을 때는 해를 막아 주고 해가 낮아지면 집 안으로 햇빛이 들어오도록 해. 낮에는 처마에 그늘이 져서 시원해. 그리고 마당이나 옥상에 그늘막을 치면 시원하지? 열을 가진 햇빛만 막아도 열을 덜 흡수해서 시원하거든. 게다가 햇볕을 받아 따뜻해진 마당과 그늘이 져서 시원한 처마 사이에 온도 차이가 생기지. 그러면 대류 현상이 일어나잖아. 처마 쪽 그늘에서 마당 쪽으로 바람이 불면서 시원해지지. 이렇게 바람이 사방에서 불어오니 저 누각은 얼마나 시원할까?

누각 주변으로는 물이 흐르고 있어. 흐르는 물소리도 듣기 좋지만 물 가까이 있으면 시원한 기분이 들어.

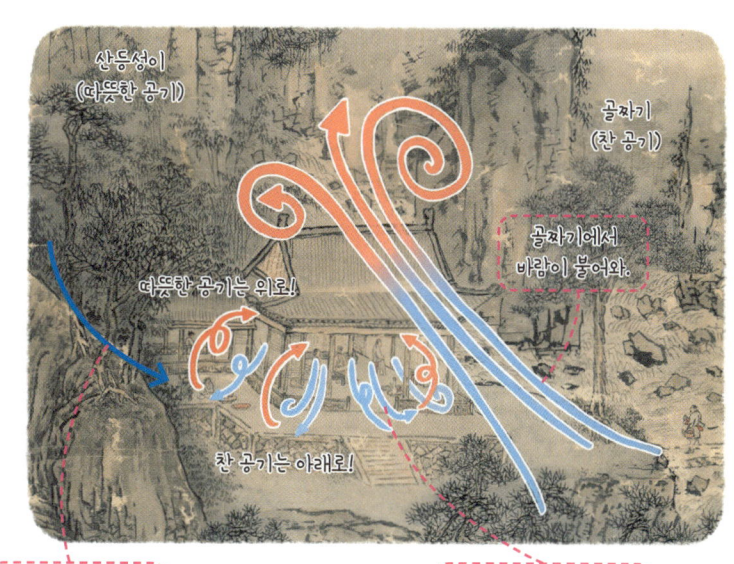

화학으로 옛 그림을 본다면

누각 주변에 물이 흐르면 왜 더 시원할까?

누각은 넓적한 바위 위에 서 있어. 바위 주위로는 산에서 내려온 계곡물이 흘러. 누각의 뒤쪽에서 옆으로 감싸며 돌아서 앞으로 흘러가지. 뒤쪽은 계곡물이 빠르게 흘러서 물살이 세 보이고 누각 앞은 물살이 약해 보여. 이렇게 물이 누각을 감싸듯 돌면 시원해. 왜 시원하냐고? 알면서. 맞아. 물이 증발하면서 열을 가져가서야.

그런데 그 외에 또 다른 이유가 있어. 물이 가진 특성 때문이야. 누각은 커다란 바위 위에 있어. 바위는 태양열을 받으면 따뜻해진다고 했지? 그러면 바위 위에 있는 누각은 아무래도 기온이 높아지겠지? 바위는 금속보다 데워지는 게 느리다고 했어. 그러면 물은 어떨까? 태양열을 받으면 물은 바위보다 더 느리게 데워져.

비열이 작은 바위와 흙은 물보다 빨리 데워져서 온도가 높아.

비열이 큰 물은 잘 데워지지 않아 온도가 낮아.

물이 증발하면서 주변의 열을 가져가.

바닷가에 가서 신발을 벗고 물로 뛰어든 적이 있니? 한여름 태양열을 받은 모래는 발바닥이 따가울 정도로 뜨거워. 그런데 바닷물로 뛰어들면 물은 생각보다 시원해. 왜 물이 시원할까? 물이 모래보다 비열이 커서야. **비열**은 **물질 1g을 1℃ 올리는 데 필요한 열량**이야. 비열이 크다는 건 온도 변화가 작다는 거야. 비열이 큰 물질은 천천히 데워지고 천천히 식어.

비열은 물질마다 달라. 물의 비열은 $1\,cal/g\cdot℃$고, 철의 비열은 $0.1\,cal/g\cdot℃$야.

그러니까 같은 양의 열을 가했을 때 물이 10℃ 올라가면 철은 100℃나 올라가는 거지. 물의 비열을 1로 정하고, 그걸 기준으로 다른 물질의 비열을 정했어. 물의 비열이 크다는 건 물은 온도 변화가 적어도 많은 열을 흡수하고 방출할 수 있다는 뜻이야. 우리 몸의 60% 이상이 물로 되어 있는 거 알지? 물의 비열이 크기 때문에 더운 날이나 추운 날에도 체온이 급하게 변하지 않고 36.5도를 유지할 수 있어.

바위는 햇빛을 받으면 빨리 데워져. 반면 계곡물은 햇빛을 받아도 바위처럼 금방 뜨거워지지 않아. 물이 증발하면서 열을 가져가고 계곡물은 비열이 커서 천천히 데워지니까 낮에는 누각이 있는 쪽이 계곡보다 기온이 높아. 바람이 어떻게 불지는 말 안 해도 알겠지? 맞아. 계곡에서 누각으로 바람이 불지.

숲에 가서 산림욕을 하는 이유는 뭘까?

누각 주위를 보니 나무들이 참 많군. 앞쪽에는 소나무가 늘어서 있어. 왼쪽 언덕 위로는 소나무와 참나무가 있네. 누각 뒤쪽에는 대나무가 숲을 이루고 있어. 이렇게 나무로 가득한 숲속을 걸으면 시원하고 기분이 상쾌해져. 나무들이 많이

피톤치드가 나와서 상쾌하고 편안해져.

나무에 따라 다른 피톤치드 방출량

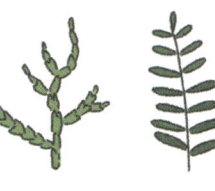 

편백나무	구상나무	소나무	측백나무
5.5	4.8	1.4	1.3

있는 곳에 있으면 왜 시원할까? 숲속을 걷거나 머물러 있으면서 신선하고 상쾌한 공기를 마시는 걸 **산림욕**이라고 해.

식물들은 움직일 수 없어서 스스로를 지키기 위해 살균성 물질을 만들어. 특히 **상처를 입었을 때 주위의 미생물을 죽이는 물질**을 만드는데, 이 물질이 **피톤치드**야. 상처로 미생물이 감염되면 죽을 테니까 자신을 지키려고 만드는 물질이지.

피톤치드를 만나는 산림욕은 나뭇잎이 광합성을 가장 활발하게 하는 초여름에서 초가을에 하는 게 좋아!

피톤치드는 박테리아, 곰팡이, 해충 등을 죽일 수 있어. 우리가 숲에 갔을 때 나무 주변에서 나는 향긋한 냄새가 바로 피톤치드야. 나무가 자신을 보호하려고 내뿜는 피톤치드가 우리에게는 긴장을 풀어 줘서 심리적으로 안정시켜 주는 역할을 해. 그래서 숲에서 초록을 보는 것 자체만으로도 피로감을 줄여 주고 스트레스도

풀리지. 게다가 식물은 공기 중에 있는 미세먼지도 줄여 줘. 잎 표면에 있는 왁스층은 끈적거려서 미세먼지가 달라붙거든. 그리고 잎의 기공으로 이산화 탄소와 함께 미세먼지가 흡수되지. 산소가 충분히 많은 숲에서 걷다 보면 심폐 기능도 좋아지고 말이야. 건강에 좋으니까 숲을 자주 걷는 게 좋겠지?

산림욕은 초여름에서 초가을에 햇빛의 양이 많고 온도가 높고 습도가 낮은 시간대에 하는 것이 좋아. 그때 나무들이 광합성과 증산 작용을 가장 활발하게 하거든. 산소와 수증기, 피톤치드 같은 물질들이 많이 나오니 상쾌하겠지? 거기에 미세먼지까지 흡수해 준다니 얼마나 좋아. 하지만 잠깐 숲을 걷는다고 산림욕 효과를 볼 수는 없어. 산림욕은 장기적으로 해야 효과를 볼 수 있지.

숲에 둘러싸인 정자에 앉아 있으면 시원하고 상쾌해. 숲속에서 불어오는 바람을 맞으며 친한 사람들과 맛있는 음식도 먹고 좋아하는 음악도 들으면 행복해지지. 그래서 옛 사람들은 산속에 정자나 누각을 짓고 자주 찾아가서 쉬었나 봐.

요즘 캠핑을 즐기는 사람들이 늘어난 것도 자연 속에서 쉬고 싶은 마음 때문일 거야. 컴퓨터나 핸드폰만 보지 말고 근처 공원이나 산에 가서 생기를 좀 찾는 건 어떨까?

19

세차게 쏟아지는
비 오는 날의 풍경

하경산수도

조영석, 18세기, 모시에 먹, 국립중앙박물관

"좌아악, 좍!"

비가 세차게 내리는 날, 두 사람이 길을 가고 있는 모습이야. 전체적으로 우중충한 분위기가 비 오는 날의 느낌을 잘 전해 주는 듯해. 모시의 결을 따라 아주 흐리게 먹칠을 했는지 마치 빗줄기가 엄청나게 쏟아지고 있는 듯한 느낌이야.

이 그림은 숙종과 영조 때 활동한 화가 조영석이 그린 거야. 직접 현장에 나가서 관찰하면서 그림을 그린 것처럼 단순하면서도 생동감이 넘쳐 보여. 높다란 절벽을 이룬 바위가 비에 젖어서 진하게 보이고 그 옆으로는 흐릿하게 봉우리가 보여. 강인지 호수인지 비 때문에 뿌옇게 흐려서 잘 구분이 안 가는군.

비에 흔들리는 나무 아래로 걸어가는 두 사람은 낚싯대를 들고 허리춤에 종다래끼를 찼어. 낚시하다가 비가 와서 서둘러 집으로 향하는 듯해. 비를 막기 위해 삿갓과 도롱이를 썼어. 그런데 별 소용이 없어 보여. 도롱이가 사방으로 뻗은 모양을 보니 비바람이 심하게 부나 봐. 나뭇가지도 축 처져서 흔들리는 듯한 것을 보니, '쏴아아' 빗소리가 들리는 듯해. 더운 여름날에 갑작스러운 소나기를 담은 모습이 재밌어. 맑은 날이었으니 낚시를 갔겠지. 그래도 비가 올 걸 예상하기는 했나 봐. 삿갓과 도롱이를 잊지 않고 챙겨 갔으니 말이야.

그림 속 사람들은 어떻게 비가 올 것을 알고 있었을까?

두 사람은 머리에 삼각 모양의 모자인 삿갓을 쓰고 있어. 삿갓 아래로는 도롱이를 걸치고 있지. 모두 옛날에 비가 내릴 때 쓰던 것들이야.

그런데 두 사람은 비가 올 걸 어떻게 알고 삿갓과 도롱이를 미리 준비했을까? 할머니들은 허리나 다리가 쑤시면 비가 오려나 보다고 말씀하시지. 비가 오기 전에 어떻게 미리 아는 걸까?

화학으로 옛 그림을 본다면

비가 오기 전에 공기가 후덥지근한 걸 느낀 적이 있니? 습도가 높으면 공기 중의 수증기가 물방울로 변하는데, 이때 열을 내보내기 때문이야. **수증기가 물로 변할 때 나오는 열**을 **액화열**이라고 해. 구름 속의 수증기도 물로 변하면서 열을 내보내는데, 이 열이 지표면으로 전해져. 그래서 비가 오기 전에는 후덥지근해.

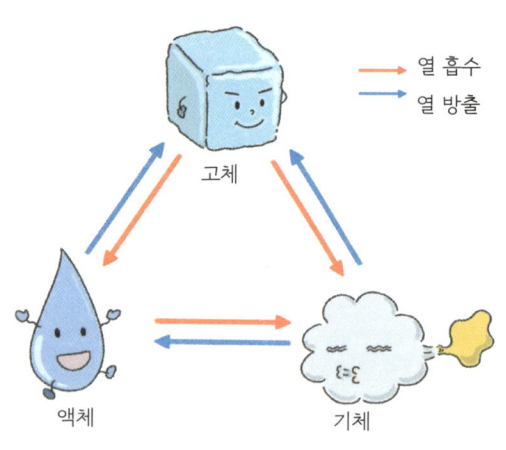

마찬가지 이유로 눈이 오기 전에는 날이 포근해지지. 그렇게 비나 눈이 오는 걸 미리 알 수 있어.

비구름은 저기압에서 만들어져. 그래서 비구름을 가진 기압골이 가까이 오면 대기압이 낮아져. 평소의 압력보다 우리 몸을 누르는 압력이 낮아지는 거지. 그러면 관절이 통증을 느끼게 돼. 그래서 할머니들이 비 오기 전에 몸이 쑤신다고 하는 거야.

물론 비가 오기 전에 비구름이 먼저 생기지. **비구름이 검게 보이는 건 평소보다 구름을 이루는 물방울의 크기가 커서 빛을 흡수하기 때문이야.** 아마 두 사람은 먹구름이 몰려오는 걸 봤을 거야. 짚으로 만든 삿갓과 도롱이로 비를 막으려 했는데 바람이 워낙 강하게 부니까 별 소용이 없는 것 같아.

옷에 튄 물은 왜 번질까?

워낙 바람이 거세서 도롱이가 마구 날리고 있어. 삿갓은 손으로 잡아도 펄럭거리는 도롱이는 잡을 수가 없어. 이러면 옷이 다 젖을 거야. 애써 도롱이를 걸친 의미가 없네. 비 오는 날 걷다 보면 바짓단에 물이 튄 적이 있니? 이상하게 젖은 부분이 점점 넓어지지? 그건 옷감 조직의 틈을 따라서 물이 움직이기

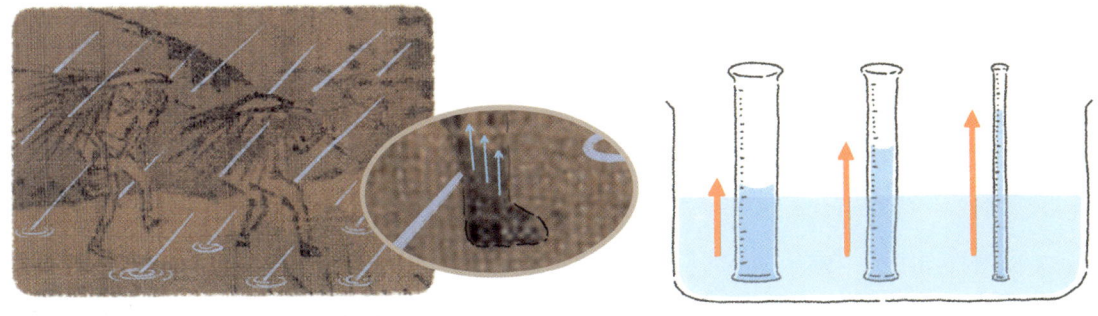

비에 젖은 부분이 시간이 지날수록 넓어지는 건 모세관 현상 때문이야.

관이 가늘수록 물이 많이 올라가!

때문이야. 물이 가느다란 관을 따라 올라가는 **모세관 현상**이 여기도 적용되네.

그럼 모세관 현상을 좀더 자세히 알아볼까? 투명 빨대를 물이 들어 있는 컵에 넣고 옆에서 살펴봐. 컵 안의 물 높이보다 빨대 안의 물이 더 높이 올라간 걸 볼 수 있어. 화장지 끝에 물을 묻히면 젖은 부분이 점점 넓어지면서 화장지 전체가 젖어 버리지. 모두 모세관 현상이야. 그럼 모세관 현상은 왜 일어날까? 물은 중력을 따라 아래로 흘러. 어디서도 지구 중심을 향해 움직이지. 물은 위로 흐르진 않아. 하지만 물속에 가느다란 관을 세우면 물이 그 관을 따라서 올라가는 모세관 현상이 일어나. 모세관 현상은 물 분자들 사이의 힘 때문에 일어나. 물 분자 사이에는 서로 붙어 있으려고 하는 **응집력**과 다른 물체에 붙으려는 **부착력**이 함께 작용하거든. 종이에 물을 발라서 손등에 대면 종이가 손등에 붙어. 물의 부착력 때문이야. 컵에

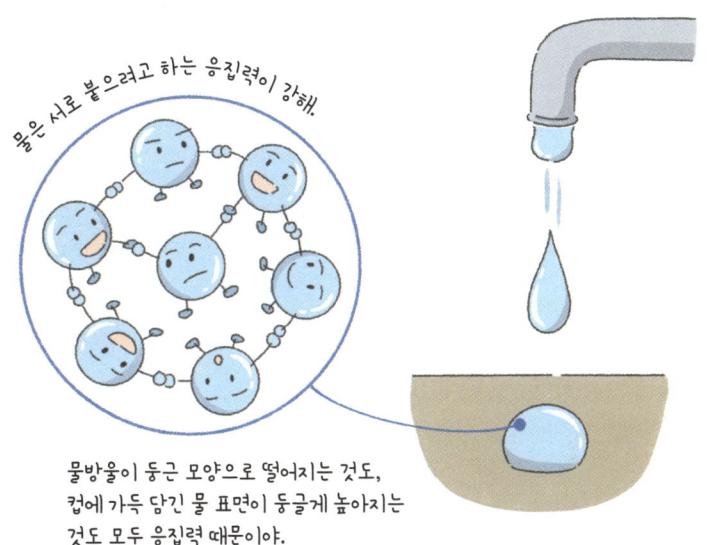

물은 서로 붙으려고 하는 응집력이 강해.

물방울이 둥근 모양으로 떨어지는 것도, 컵에 가득 담긴 물 표면이 둥글게 높아지는 것도 모두 응집력 때문이야.

화학으로 옛 그림을 본다면 147

물을 담고 물과 컵이 닿은 부분을 보면 컵의
벽을 따라서 물이 올라간 모습도 볼 수 있어.
컵에 물을 넘치기 전까지 가득 따르면 컵
가장자리 높이보다 물 표면이 위에 있지만
물은 흘러내리지 않아. 물의 응집력 때문이야.
둥그렇게 물 분자끼리 붙잡고 떨어지지
않거든. 이렇게 물은 서로 붙으려고 하면서
또 다른 물체에도 붙으려고 하다 보니 물이
가느다란 관을 따라 올라가는 거지.

몸의 열을 흡수해서 증발한 수증기가 바로 응결하면서 김으로 변해.

　만약 수은이 담긴 그릇에 가느다란 관을
넣으면 어떻게 될까? 수은은 반대로 아래로 내려가. 이것도 모세관 현상의 하나야.
모세관 현상은 가느다란 관을 따라 액체가 올라가거나 내려가는
현상이거든. 액체의 성질에 따라 나타나는 현상이 다르지.

　도롱이를 걸쳤는데 집에 가기도 전에 전부 젖어 버리겠네.
열심히 뛰고 있으니 몸에서는 열이 날 거야. 비에
젖은 상태로 몸에 열이 나면 어떻게 될까?
물이 증발하는 현상이 일어나. 물이
증발할 때는 열이 필요하다고 했지?
맞아. 증발하면서 우리 몸의 열을
가져가지. 서둘러 집으로 가야겠군.
물에 젖어 늘어진 나뭇가지에서
줄줄 물이 떨어지니 잘 피해서 가야겠어.
비바람에 흔들리면서도 나무는 더 싱싱해지는 느낌이야. 비가
그치면 쑥쑥 클 테니까.

비가 오고 나면 식물들이 잘 자라는 이유는 무엇일까?

어두운 절벽에는 키 작은 나무와 풀이 자라고 있어. 길가의 풀들도 바람에 따라 움직이네. 커다란 나무의 가지도 바람에 마구 흔들려. 그런데 왜 나무들이 춤추는 것 같지? 비가 그치면 나무의 초록빛은 더 선명하게 보이는 것 같고 말이야. 그건 비가 오면 물이 많아지기 때문이야. 식물이 잘 자라려면 물과 양분이 있어야 해. 양분은 잎에서 광합성을 통해 만들지. 광합성을 하려면 물과 이산화 탄소가 있어야 하는데, 이산화 탄소는 잎의 기공을 통해서 들어와.

그럼 식물들은 물을 어떻게 먹을까? 식물은 입이 따로 없어서 물을 빨아들일 수 없어. 그래서 저절로 물이 들어오게 해야 해. 어떻게 물이 저절로 들어오게 하느냐고? 뿌리가 그 역할을 해. 흙 속의 물이 뿌리를 통해 식물 안으로

삼투 현상으로 당근 물 빼기

배추를 만져 봐. 단단하지? 하지만 배추를 썰어서 소금을 뿌리고 30분 정도 지난 후 만져 봐. 딱딱하던 배추가 부드러워졌지? 배추나 무 같은 채소 속의 물이 빠져나오면서 채소의 숨이 죽어서 그런 거야. 바로 삼투 현상 때문이야. 이걸 직접 눈으로 확인해 보는 방법이 있어. 당근에 구멍을 파고 소금을 넣어. 시간이 지나면서 구멍에 물이 생기면서 소금이 녹는 걸 볼 수 있어. 이 물은 어디서 왔을까? 맞아. 소금이 당근보다 농도가 진해서 당근 안의 물이 빠져나온 거야.

당근 / 소금 / 당근에서 물이 나와서 소금이 녹아.

들어오려면 뿌리가 흙보다 농도가 높아야 해. 그러면 농도가 낮은 흙에서 농도가 높은 뿌리로 물이 저절로 들어오거든. 농도가 다른 두 용액이 막을 사이에 두고 서로 만나면 농도가 낮은 쪽의 물이 농도가 높은 쪽으로 이동해서 양쪽의 농도를 같게 만들어. 이걸 **삼투 현상**이라고 해. 이 막은 반투막으로 물처럼 입자가 작은 물질은 통과하고 입자가 큰 물질은 통과하지 못해. 세포막이나 달걀 속껍질 등이 반투막이야.

생선을 소금에 절여서 보관하거나 나물이나 김치를 맛있게 무치고 놔 두면 물이 생기지? 이것도 삼투 현상이야.

목욕할 때 탕에 오래 있으면 손가락이 쪼글쪼글해지는 걸 본 적이 있지? 몸 속의 농도가 탕의 물 농도보다 높아서 피부의 세포막을 통해 탕 속의 물이 몸 안으로

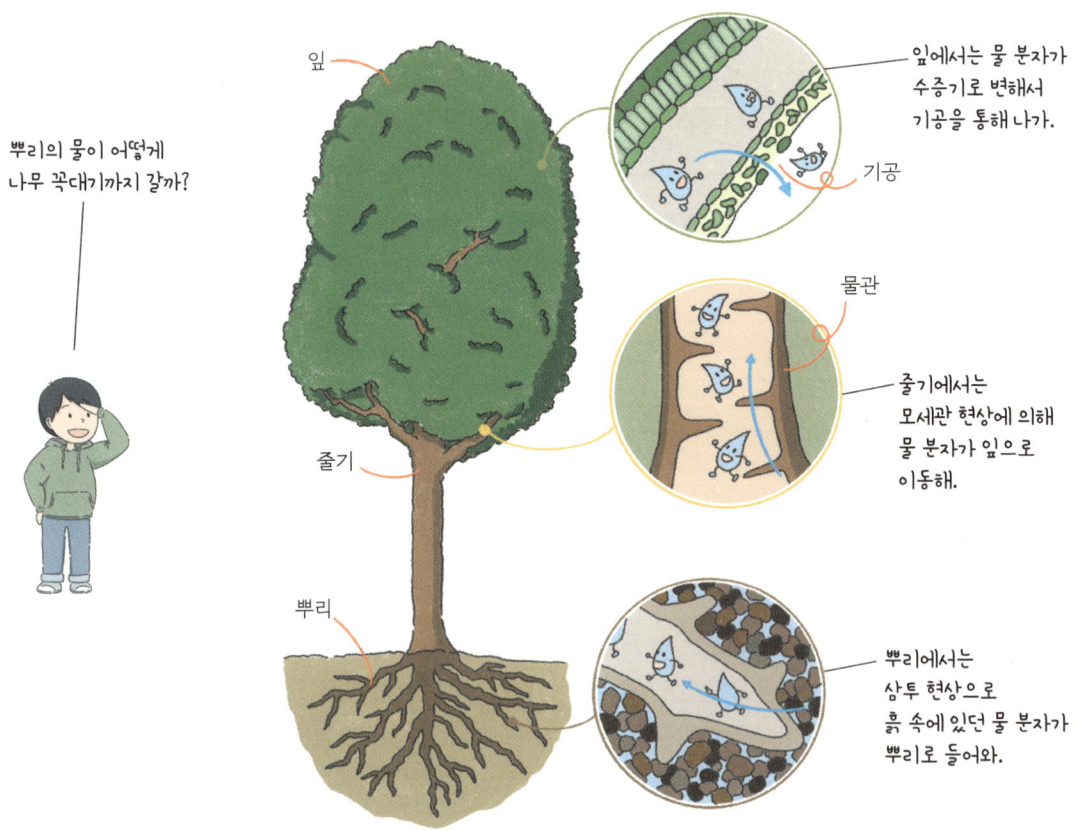

들어오면서 부피가 늘어난 거야. 지문은 죽은 세포라서 늘어나지 않고 주변 다른 부분은 늘어나서 쪼글쪼글해지지.

식물의 뿌리가 물을 빨아들이는 것도 이런 현상을 이용한 거야. 비가 오면 흙 속에 물이 많아지지? 물이 많아지면 농도가 낮아지겠지? 비가 많이 올수록 흙의 농도는 더 낮아지지. 그러면 흙과 뿌리의 농도 차이가 커져서 뿌리의 세포막을 통해서 물이 뿌리로 많이 들어와.

그런데 뿌리로 들어온 물이 어떻게 나무꼭대기에 있는 잎까지 가느냐고? 한번 생각해 봐. 단서는 뿌리에서 잎까지 가느다란 물관이 이어져 있다는 거야. 잎맥을 보면 물관이 마치 혈관처럼 구석구석 다 연결되어 있어. 음, 맞아. 바로 그거야. 모세관 현상! 물 분자끼리 서로 붙고 잡아당기면서 모세관 현상이 일어나서 물관을 따라 저 꼭대기에 있는 잎까지 올라가는 거야. 잎에서는 그 물로 광합성을 해서 양분을 만들어. 이렇게 비 온 뒤에는 재료가 많아져 광합성도 많이 할 수 있을 테니 비가 온 뒤에는 식물이 더 잘 자라겠지.

그리고 남은 물은 증산 작용을 통해 밖으로 내보내지. 양분을 만들고 물을 버렸으니 식물의 농도가 높아졌네? 그러면 뿌리에서 삼투 현상이 또 일어나겠지? 그러면 물이 뿌리로 들어오고 모세관 현상으로 줄기를 거쳐서 잎까지 가고 광합성에 쓰이고 증산 작용으로 나가고. 이렇게 끊임없이 물이 움직이는 거야.

이 모세관 현상을 이용해서 물을 한번 주면 자동으로 물이 공급되는 장치도 만들 수 있어. 화분에 물을 자주 줘야 하는 게 귀찮다면 모세관 현상을 이용해서 한번 만들어 보는 건 어떨까?

20
종이가 없다면 파초에 글씨를 써

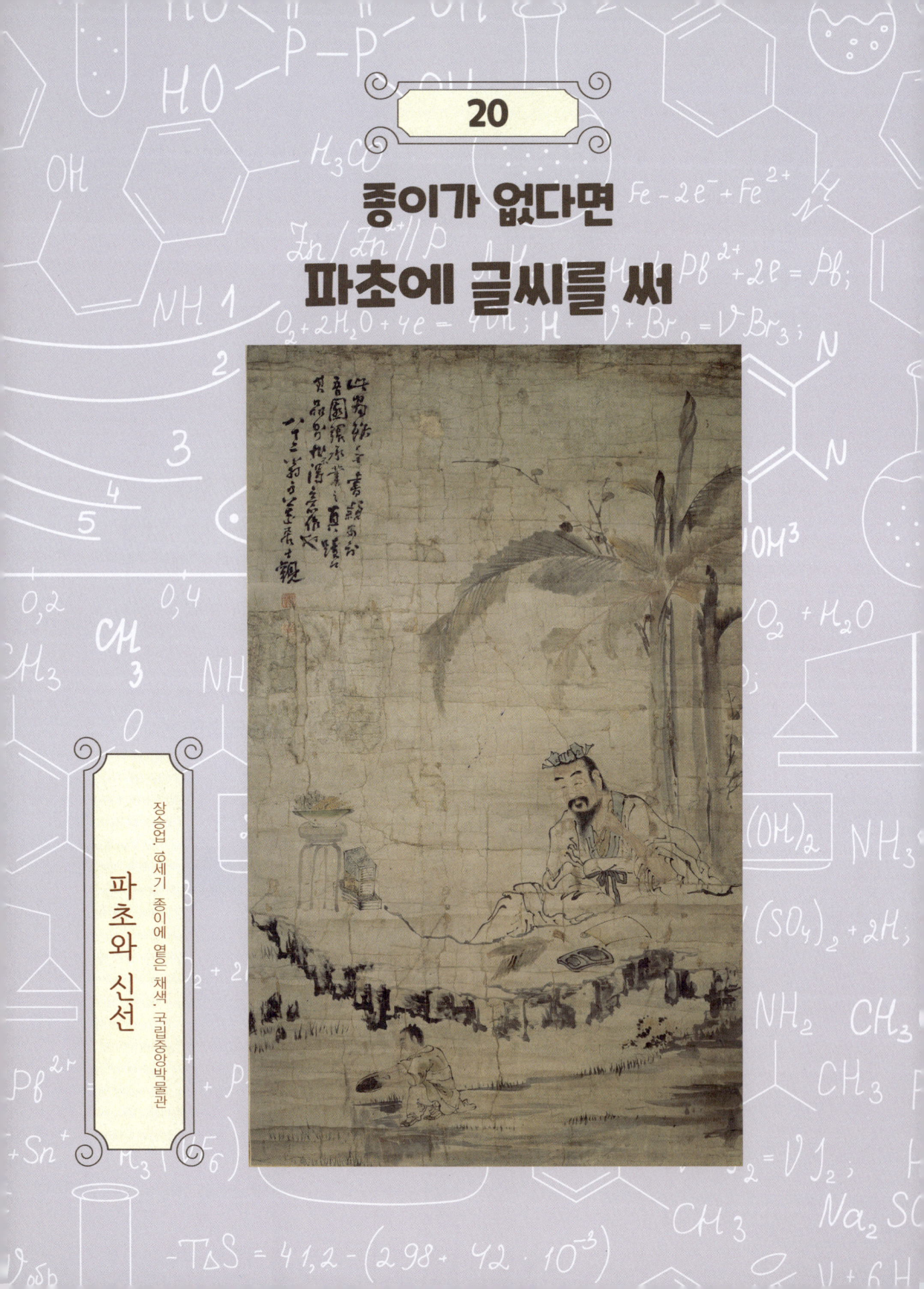

파초와 신선

장승업, 19세기, 종이에 옅은 채색, 국립중앙박물관

"쓱쓱 싹싹."

소년이 까맣게 변한 그릇을 손으로 닦고 있어. 그 뒤에는 붓을 든 신선이 있네. 파초 나무 아래에서 붓을 들고 있는 신선을 그린 그림이야. 신선 앞에는 종이와 파초 잎이 놓여 있어. 벼루에는 먹물이 있군. 붓에 먹을 찍어서 글을 쓰려나 봐.

당나라의 승려이자 명필인 회소는 너무 가난해 글씨를 쓸 종이가 부족해서 파초 잎에 글을 썼다는 옛이야기가 있어. 하도 글씨를 써서 연못물이 먹물로 온통 검어졌다고 하지. 조선 시대 양반들은 회소를 신선으로 표현하는 그림을 많이 그렸어. 조선의 천재 화가 장승업도 이렇게 〈파초와 신선〉으로 그림을 남겼지.

신선 뒤로 잎이 크고 긴 나무가 우뚝 서 있지? 바나나와 같은 속의 식물인 파초나무야. 파초는 겨울이면 말라 죽은 것처럼 보이지만 봄이 되면 새순이 올라오고 자르면 그 위로 싹이 올라와서 장수와 되살아남을 상징해. 이국적인 느낌의 나무라서 신선의 풍취가 있다고 양반들이 좋아했어. 파초는 나무처럼 보이지만 감싸고 있는 잎을 열면 속이 텅 비어 있는 풀이야. 잎 사이로 꽃줄기가 자라서 꽃이 피고 열매를 맺지.

이 신선은 왼손잡이야. 붓을 들고 종이에 글을 쓰려는지 파초 잎에 쓰려는지 잘 모르겠어. 파초에 먹물이 묻은 걸 보니 연습을 했나 봐. 어쩌면 연습이 끝나서 마침내 종이에 작품을 그리려는 걸까? 눈길이 앞에 놓인 책과 열매를 향해 있네.

종이는 어떻게 만들까?

닥나무로 만든 한지는 희고 질기며 부드럽고 오래 가. 만드는 데 손이 많이 가지만 사용하는 곳이 많았어. 그래서 가격이 비쌌지. 사람들은 비싼 종이에 글 연습을 할 수는 없었어. 연습을 많이 해야 글씨를 잘 쓸 텐데 종이를 낭비할 순 없으니 대신 넓은 파초 잎을 썼지. 흙바닥에 그리는 건 글자 모양은 익힐 수 있어도 붓질 연습은 안 되잖아. 진하거나 연하게 선을 긋는 붓질 연습을 파초 잎에 했던 거야. 파초 잎은 매끄러우니 먹물로 진하거나 연하게 표현할 수 있거든. 씻으면서 쓰면 파초 잎 하나로 여러 번 연습할 수도 있고 말이야. 종이에는 한번 그리면 고치기도 어렵지. 종이가 비싸서 조선의 사관들은 사초를 쓰고 물에 종이를 씻어서 다시 쓰기도 했대. 한지가 질겨서 가능했지. 물론 한두 번 정도지만 말이야.

종이는 식물의 섬유를 물에 푼 뒤 얇게 엉기게 해서 말린 거야. 우리나라 고유의 기법으로 만든 종이인 한지는 글을 쓰거나 그림을 그릴 때도 쓰고 창이나 문에 바르기도 했어. 질기고 단단해서 여러 겹으로 붙여서 그릇이나 가구를 만들기도 했지. 옻칠을 한 여러 겹의 한지로 갑옷을 만들면 화살이 뚫지 못했대. '무구정광대다라니경' 같은 옛날 문서는 1300년이나 지난 지금도 남아 있지. 어떻게

이렇게 질기고 오래 가느냐고? 만드는 과정에 그 비밀이 숨어 있어.

질이 좋은 닥나무는 기본이야. 그리고 한지를 만드는 여러 과정 중 한지를 뜨는 과정과 마무리 기술이 비결이라고 할 수 있어. 한지발로 종이를 뜰 때 앞뒤로, 좌우로 물질을 하는 거야. 이런 과정을 거치면서 섬유 조직을 한자의 정(井) 자 모양으로 만들어. 그러면 가로 세로로

단단하게 엉겨서 어느 쪽으로도 잘 찢어지지 않아. 하지만 섬유 조직이 정 자 모양이 되도록 하려면 시간이 오래 걸리고 종이가 두꺼워질 수 있어. 이때 닥풀이 중요한 역할을 해. 종이를 뜰 때 섬유가 잘 펴져서 붙게 하지. 중성인 닥풀로 종이를 만들면 천년이 지나도 상하지 않는 중성지가 돼. 그리고 종이가 마르면 다듬이질을 하는데, 종이가 치밀해지고 촉감이 부드러워져. 두드릴수록 섬유끼리 잘 붙어서 종이가 단단하고 질겨지거든.

먹물은 묻으면 왜 잘 안 지워질까?

시동이 연못가에 앉아서 먹물이 묻은 그릇을 씻고 있어. 먹물은 잘 지워지지 않는데 고생이네. 붓질하는 신선의 손은 깨끗해. 하지만 물에 그릇을 씻고 있는 시동의 손은 검어지겠지? 손으로 먹물을 닦으려고 하니 다 묻을 거야. 서예를 하다가 손에 먹물이 묻은 적이 있니? 비누칠을 해도 잘 안 지워지지? 먹은 왜 잘 안 지워질까?

먹은 소나무나 식물의 기름을 태워서 나온 그을음을 아교풀과 섞어서 만든 거야. 이 먹을 벼루에 물을 붓고 문지르면 벼루 바닥에 갈려서 먹물이 돼. 먹을 많이 갈면

먹물이 진하고 조금 갈면 먹물이 묽어.

그럼 먹물은 용액일까? 먹물은 탄소 가루가 물에 섞인 것이지만 용액은 아니야. **용액**은 소금물처럼 소금이 물에 녹아 **골고루 섞여 있는 상태**여야 해. 소금이 물에 녹는 것처럼 **어떤 물질이 다른 물질에 녹아 골고루 섞이는 현상**이 **용해**야. 보통 고체가 액체에 녹으면 고체가 **용질**, 액체가 **용매**야. 액체끼리 녹을 때는 양이 많은 쪽이 용매야. 두 가지 이상의 물질이 골고루 섞여 있다면 고체나 기체도 용액이라고 해. 14k 같은 합금도 용액이고 공기도 용액이야. 그런데 먹물은 탄소 가루가 물과 섞여 있기는 하지만 균일하게 섞이지 않았어. 흙가루가 섞인 흙탕물과 같은 불균일 혼합물이지.

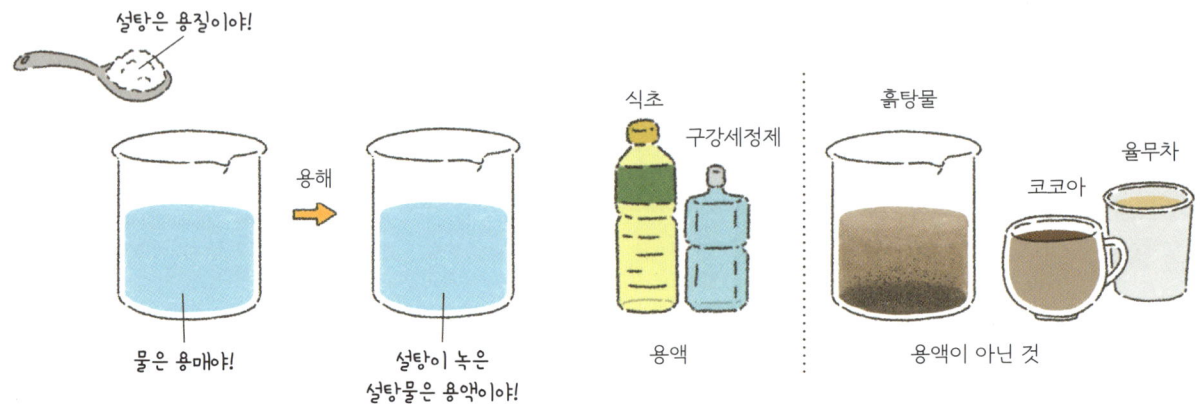

용매에 따라 용해되는 용질이 달라. 물에 소금은 녹지만 나프탈렌은 녹지 않거든. 나프탈렌은 아세톤에 녹지만 소금은 아세톤에 녹지 않지. 그래서 얼룩을 지울 때 물에 녹는 얼룩은 물로 지우고, 기름에 녹는 얼룩은 아세톤으로 지우지. 먹물이 그을음과 아교풀을 섞어서 만든 것이라 옷이나 손에 묻으면 잘 안 지워져. 먹물은 물에 안 녹거든. 그래서 먹물이 묻었을 때는 먹물이 마르기 전에 밥알을 으깨서 문지르면 돼. 그러면 밥알에 먹물이 흡착돼서 떨어져 나와. 시간이

지날수록 잘 안 지워지니 서둘러야 해. 물론 안 묻도록 조심하는 게 가장 좋지.

소년은 팔을 걷어붙이고 열심히 먹물을 닦고 있어. 손에 먹물이 묻은 걸로만 보면 신선보다 더 열심히 연습한 것 같지?

먹과 물이 다르게 번지는 이유는 무엇일까?

종이와 벼루가 놓여 있는 돌판은 마치 책상 같아. 앉아서 쓰기에 적당한 높이군. 한쪽에는 포갑에 싸인 책들이 쌓여 있어. 다리 4개짜리 받침 위에는 열매가 담긴 접시가 있어. 신선은 책과 열매를 종이에 그리려고 하나 봐. 가지런히 모인 붓끝이 어디로 가려나?

붓으로 그림을 그릴 때는 먹물의 농도를 잘 조절해야 해. 먹물이 진하면 덜 번지지만 붓이 잘 나가지 않아. 잘못하면 붓끝이 갈라져서 글씨가 엉망이 되기도 해. 반대로 먹물이 묽으면 붓이 잘 움직이지만 쉽게 번지지. 생각한 것보다 선이 굵고 흐려. 글씨를 쓸 때는 번지지 않으면서 붓이 잘 움직여야 해서 먹물의 농도를 적당히 맞춰야 해.

화학으로 옛 그림을 본다면

붓에 먹물을 묻히면 먹물이 붓털을 따라서 올라가. 붓털 사이 가느다란 틈을 따라서 먹물이 움직이는 거야. 종이에 먹물이 떨어지면 종이의 섬유가 만든 가는 틈을 따라 먹물이 번지지. 둘 다 모세관 현상이야. 모세관 현상을 여기에서도 발견하네.

물이 빨리 번져!

탄소 입자는 물보다 느리게 번져.

먹물이 묻은 붓을 종이에 대고 붓을 쓱 움직이면 붓끝을 따라서 먹물 자국이 남아. 그런데 자세히 보면 검은 부분 주변으로 투명하게 물이 번진 걸 볼 수 있어. 물이 먼저 종이를 따라 번진 거지. 왜 번지는 속도가 다를까? 먹물이 종이의 섬유를 따라서

검정 사인펜 속 색깔을 분리해 봐!

하얀 분필 아래쪽에 검은색 사인펜으로 선을 그리고, 물이 담긴 접시에 선이 잠기지 않도록 분필을 세워 봐. 시간이 지나면 여러 색이 차례차례 번지는 걸 볼 수 있지? 분필의 미세한 구멍을 따라 물이 움직이는데, 이때 색소마다 이동하는 속도가 달라서 생기는 현상이야. 이 현상을 이용해서 여러 가지 물질이 섞여 있는 혼합물을 분리해 내지. 이 크로마토그래피는 적은 양의 혼합물을 분리할 때 주로 사용해. 혈액에 독극물이 있는지, 운동선수들이 금지된 약물을 먹었는지 확인하는 약물 검사도 크로마토그래피를 이용한 거야.

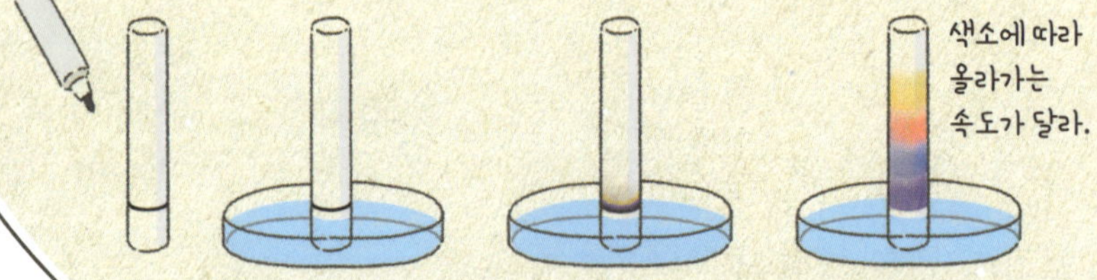

색소에 따라 올라가는 속도가 달라.

분필에 수성 사인펜으로 선을 긋고, 물이 담긴 페트리 접시 위에 세워 놓고 기다리면 잉크를 이루는 색소들이 분리돼.

퍼질 때 물을 따라 탄소 입자도 같이 움직이지만 물과 탄소 입자는 움직이는 속도가 달라서 그래. 종이에 먹물을 떨어뜨리면 바깥쪽으로 물이 먼저 움직이고, 검은 부분이 늦게 따라가는 걸 볼 수 있어.

먹물을 갈지 않고도 이런 현상을 살펴볼 수 있는 게 있어. 바로 검은색 사인펜을 거름종이에 찍고 종이의 끝을 물로 적셔 보는 거야. 물이 종이를 따라 스며들면서 검은색 점이 점점 움직이고 여러 가지 색으로 나뉘는 걸 볼 수 있어. 각 색깔을 띤 색소마다 물을 따라 움직이는 속도가 달라서 여러 가지 색으로 나뉘지. 이렇게 **색소를 분리하는 방법**을 **크로마토그래피**라고 해. 집에서 한번 해보고 싶다면 꼭 수성사인펜으로 해야 해. 유성사인펜의 잉크는 물에 녹지 않으니까 말이야.

그림 속 신선처럼 파초 잎에 그리면 종이를 따라서 퍼지는 먹물 느낌은 내지 못해. 파초 잎은 표면이 매끄럽고 물이 스며들지 않으니까. 붓은 잘 움직이지만, 농도 조절은 좀 어려워. 그게 좀 아쉽지만, 바닥에 그리는 것보다는 낫겠지.

책장을 덮으며

옛 그림 속에서 읽어 낸 화학

이제 옛 그림과 화학이 조금 더 친근하게 느껴지나요?

사실 우리 옛 그림은 눈에 보이는 풍경뿐 아니라 그 당시 사람들의 사상이나 종교 같은 정신적인 내용도 많이 담고 있어요. 그래서 그림 속에 담긴 의미를 읽어 내야 해요. 그래서 옛 그림은 본다기보다 읽는다고 해요. 이번 책에서는 옛 그림 속에서 화학 이야기를 읽어 냈어요. 어떤 내용이 있었는지 정리해 볼까요?

추운 겨울 호수 안의 생물들은 어떻게 살아남을까요? 표면부터 얼어붙는 물의 특성 덕분에 따뜻한 겨울을 보낼 수 있어요. 얼어붙은 강 위로 말이 걸어갈 수 있는 것도 얼음이 물보다 밀도가 작기 때문이지요. 겨울바람이 불면 손이 시린 것은 손의 열이 차가운 공기로 움직이기 때문이고요.

우리가 음식을 먹는 건 몸에 필요한 양분을 얻기 위해서예요. 물론 먹은 음식을 소화시켜야만 양분을 몸 안으로 흡수할 수 있지요. 숨을 쉬는 건 몸에 필요한 에너지를 만들 때 필요한 산소를 얻기 위해서예요. 몸을 많이 움직이면 숨이 헐떡거리지요? 움직일 때 필요한 에너지를 만들려면 산소를 빨리 공급해야 하기 때문이에요.

맛있는 냄새가 나는 건 냄새를 가진 분자가 코로 날아오기 때문이에요. 꽃향기나 향수 냄새가 진하게 느껴지는 건 그 냄새를 가진 분자가 코로 많이 들어오기 때문이에요. 여름에 하수구 냄새가 많이 나는 건 냄새 분자가 온도가 높을수록 빨리 움직이기 때문이지요.

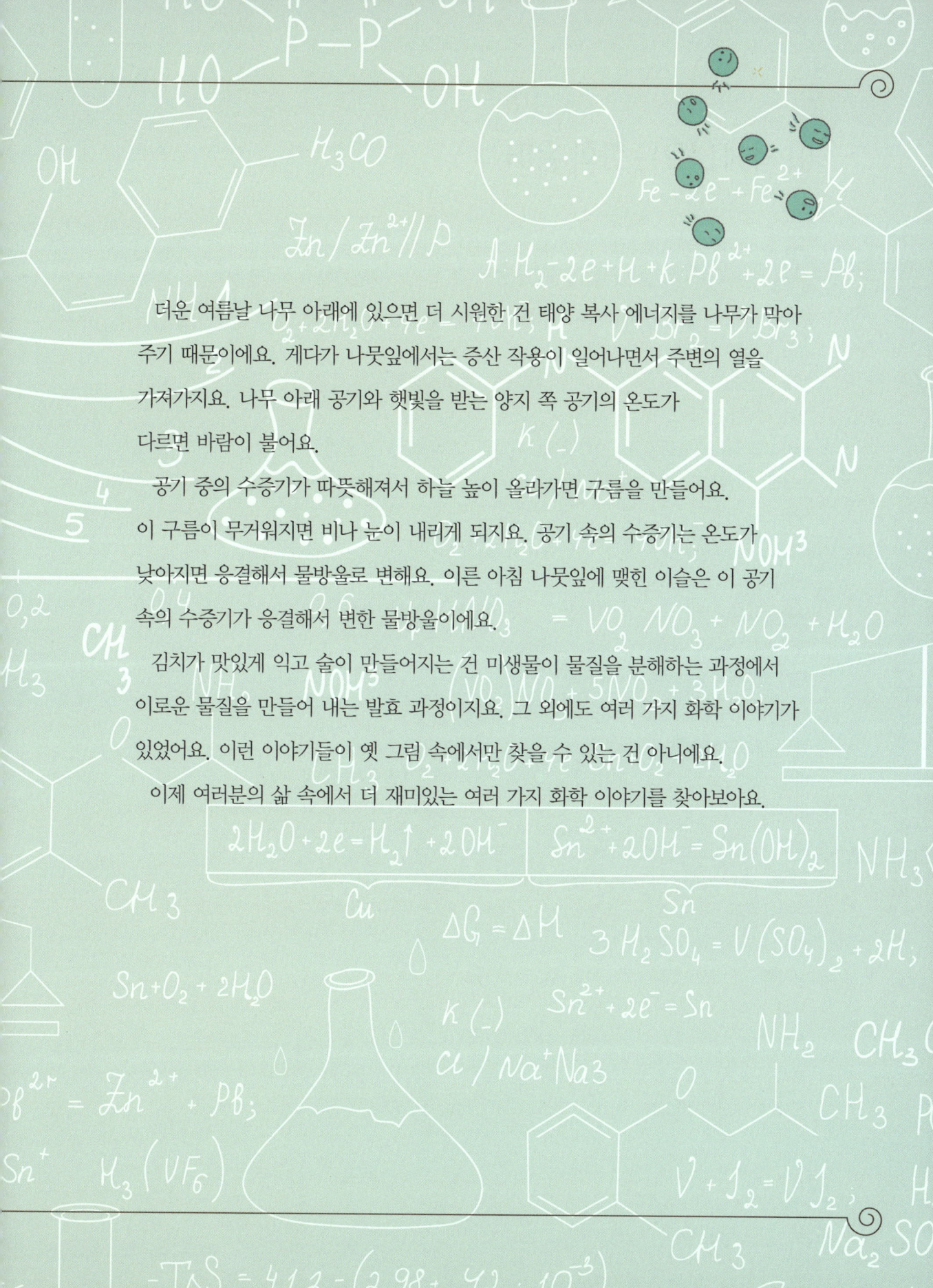

　더운 여름날 나무 아래에 있으면 더 시원한 건 태양 복사 에너지를 나무가 막아 주기 때문이에요. 게다가 나뭇잎에서는 증산 작용이 일어나면서 주변의 열을 가져가지요. 나무 아래 공기와 햇빛을 받는 양지 쪽 공기의 온도가 다르면 바람이 불어요.

　공기 중의 수증기가 따뜻해져서 하늘 높이 올라가면 구름을 만들어요. 이 구름이 무거워지면 비나 눈이 내리게 되지요. 공기 속의 수증기는 온도가 낮아지면 응결해서 물방울로 변해요. 이른 아침 나뭇잎에 맺힌 이슬은 이 공기 속의 수증기가 응결해서 변한 물방울이에요.

　김치가 맛있게 익고 술이 만들어지는 건 미생물이 물질을 분해하는 과정에서 이로운 물질을 만들어 내는 발효 과정이지요. 그 외에도 여러 가지 화학 이야기가 있었어요. 이런 이야기들이 옛 그림 속에서만 찾을 수 있는 건 아니에요.

　이제 여러분의 삶 속에서 더 재미있는 여러 가지 화학 이야기를 찾아보아요.

이 책에 나오는 화학 용어

고체 모양과 크기가 변하지 않고 만질 수 있는 상태.
광합성 잎에 있는 엽록체에서 빛에너지로 물과 이산화 탄소를 양분과 산소로 만드는 과정.
끓는점 액체가 기체로 상태가 변할 때 일정하게 유지되는 온도.
기온 공기의 온도.
기체 모양과 크기가 일정하지 않고 공간에 퍼져서 채우는 상태.
기화 액체가 기체로 변하는 현상.
노화 호화되었던 녹말이 열과 수분을 잃고 처음의 상태로 돌아가는 현상.
녹는점 고체가 액체로 변할 때의 온도.
농도 용액의 진하고 묽은 정도.
단열재 열의 전달을 막는 물질.
대류 액체나 기체 물질이 움직이면서 열을 전달하는 현상.
모세관 현상 액체가 가느다란 통로를 따라 올라가거나 내려가는 현상.
물리 변화 물질의 성질이 변하지 않는 변화.
물질 물체를 이루는 재료.
물체 하나 이상의 물질로 이루어져 구체적인 형태를 가지고 있는 것.
밀도 일정한 공간 안에 물질이 얼마나 들어 있는지 나타내는 말.
바람 공기의 온도가 낮은 쪽에서 온도가 높은 쪽으로 공기가 움직이는 현상.
반투막 입자가 작은 물질은 통과하고 입자가 큰 물질은 통과하지 못하는 막. 반투과성막이라고도 함.
발효 미생물이 물질을 분해하면서 이로운 물질이 만들어지는 과정.
발화점 물질이 열을 받아 스스로 불이 일어나기 시작하는 온도.
벤투리 효과 공기가 넓은 곳에서 좁은 빌딩 틈으로 모이면서 공기의 속도가 증가하는 현상.
복사 열이 중간에 전달하는 물질 없이 직접 이동하는 현상.
복사열 모든 물체가 자기 온도에 맞게 방출하는 열.
부피 물질이 차지하는 공간의 크기.
분자 물질의 성질을 가진 가장 작은 입자.
분자 운동 분자가 끊임없이 스스로 움직이는 현상.
분해 한 종류의 화합물이 두 가지 이상의 간단한 화합물로 변하는 반응.

불꽃 반응 금속 원소를 불꽃에 넣었을 때 원소의 종류에 따라 독특한 색을 나타내는 반응.

변성 열이나 압력, 산, 힘 등 여러 원인에 의해 물질의 성질이 변하는 현상.

부착력 물 분자들이 다른 물체에 붙으려는 힘.

부패 미생물이 물질을 분해하면서 쓸모없거나 나쁜 물질이 만들어지는 현상.

브라운 운동 물 분자가 움직이면서 미세 분자와 부딪히는 현상.

비열 물질 1g을 1℃ 올리는 데 필요한 열량.

산 신맛이 나는 물질.

삼투 현상 농도가 다른 두 용액이 반투막을 사이에 두고 만날 때 농도가 낮은 쪽의 용매가 농도가 높은 쪽으로 이동하는 현상.

상태 변화 물질이 온도에 따라 고체, 액체, 기체로 상태가 변하는 현상.

소화 음식물 속의 영양소를 몸에서 흡수하기 좋게 잘게 분해하는 과정.

순물질 한가지 물질로만 이루어진 물질.

습도 공기 중에 수증기가 들어 있는 정도.

승화 고체가 열을 받아 기체로, 기체가 열을 잃어 고체로 변하는 현상.

액체 담는 그릇에 따라 모양은 변하나 양은 변하지 않는 물질의 상태.

액화 기체가 열을 잃고 액체로 변하는 현상.

연소 물질이 산소와 만나면서 빛과 열을 내면서 타는 현상.

열 온도가 높은 물체에서 온도가 낮은 물체로 이동하는 에너지.

열량 음식에 들어 있는 에너지.

열전도도 물질에 따라 열이 전도되는 정도.

열평형 두 물체의 온도가 같아져 더 이상 열이 이동하지 않는 상태.

열팽창 열을 가하면 물질의 길이나 부피가 커지는 현상.

온도 물체의 차갑고 뜨거운 정도.

온실 기체 이산화 탄소나 메테인 등 지구가 방출하는 열을 흡수해서 지구의 온도를 높이는 기체.

용액 용질이 용매에 골고루 섞여 있는 상태.

용해 어떤 물질이 다른 물질에 녹아 골고루 섞이는 현상.

원소 더 이상 다른 물질로 분해되지 않는 기본 성분.

융해 고체가 열을 받아 액체로 변하는 현상.

이슬점 공기 중의 수증기가 포화 상태가 되어 응결이 시작되는 온도.

응결 수증기가 온도가 낮아지면서 물로 변하는 현상.

응고 액체가 열을 잃고 고체로 변하는 현상.

응집력 물 분자들이 서로 붙어 있으려고 하는 힘.

전도 열이 물질을 따라 온도가 높은 곳에서 온도가 낮은 곳으로 전달되는 현상.

주기율표 원소들을 화학적 특성에 따라 체계적으로 분류한 표.

증발 액체의 표면에서 액체가 기체로 변해서 날아가는 현상.

증발열 증발할 때 필요한 열에너지.

증산 작용 식물의 남는 수분을 잎의 기공으로 내보내는 현상.

지구 온난화 대기 중에 온실 기체가 많아져서 지구의 평균 기온이 높아지는 현상.

질량 물질 고유의 양.

추출 혼합물에서 어떤 특정 용매에 녹는 성분만 녹여서 뽑아내는 방법.

크로마토그래피 혼합물에서 성분 물질들이 용매를 따라 이동하는 속도 차이로 물질을 분리하는 방법.

포화 수증기량 공기 $1m^3$ 속에 최대로 들어갈 수 있는 수증기의 양.

호화 녹말이 물과 열을 만나서 성질이 변하는 현상.

호흡 산소로 영양소를 분해해서 에너지를 만드는 과정.

혼합물 두 가지 이상의 순물질이 섞인 물질.

화학 변화 어떤 물질이 성질이 다른 새로운 물질로 변하는 현상.

화합물 두 종류 이상의 원소가 화학적으로 결합한 순물질.

확산 분자가 농도나 밀도가 높은 곳에서 낮은 쪽으로 불규칙하게 퍼져 나가는 현상.

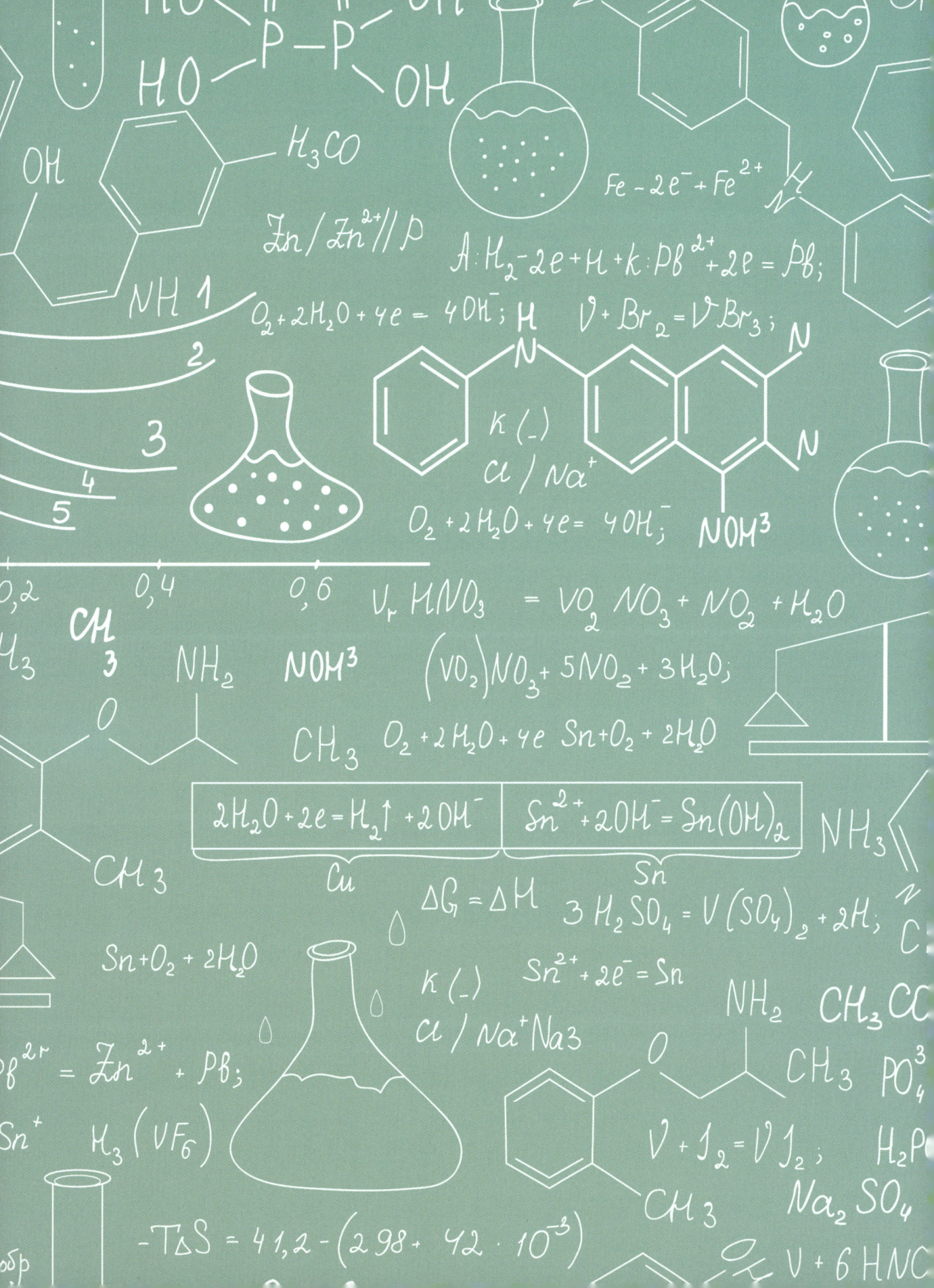

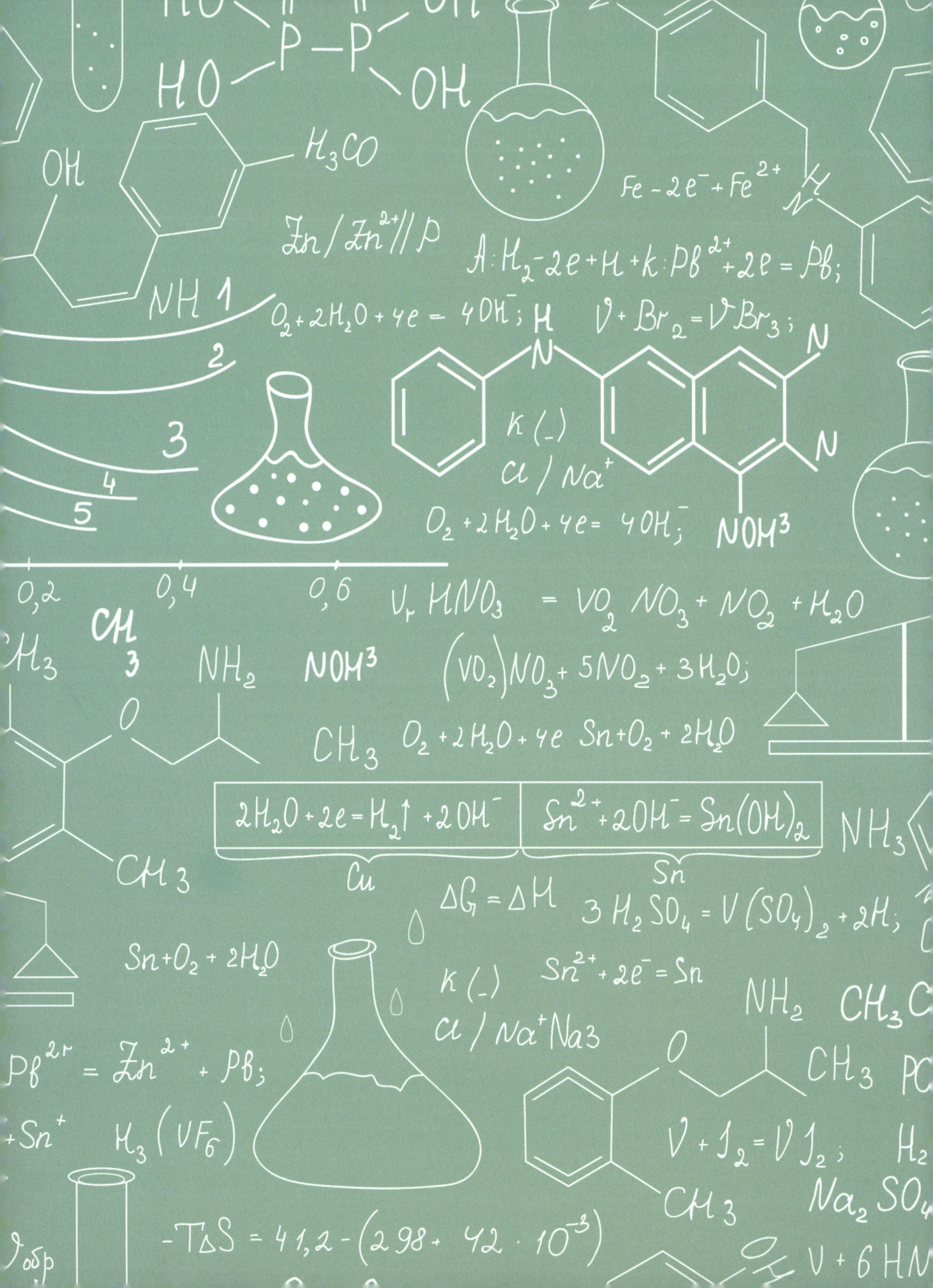

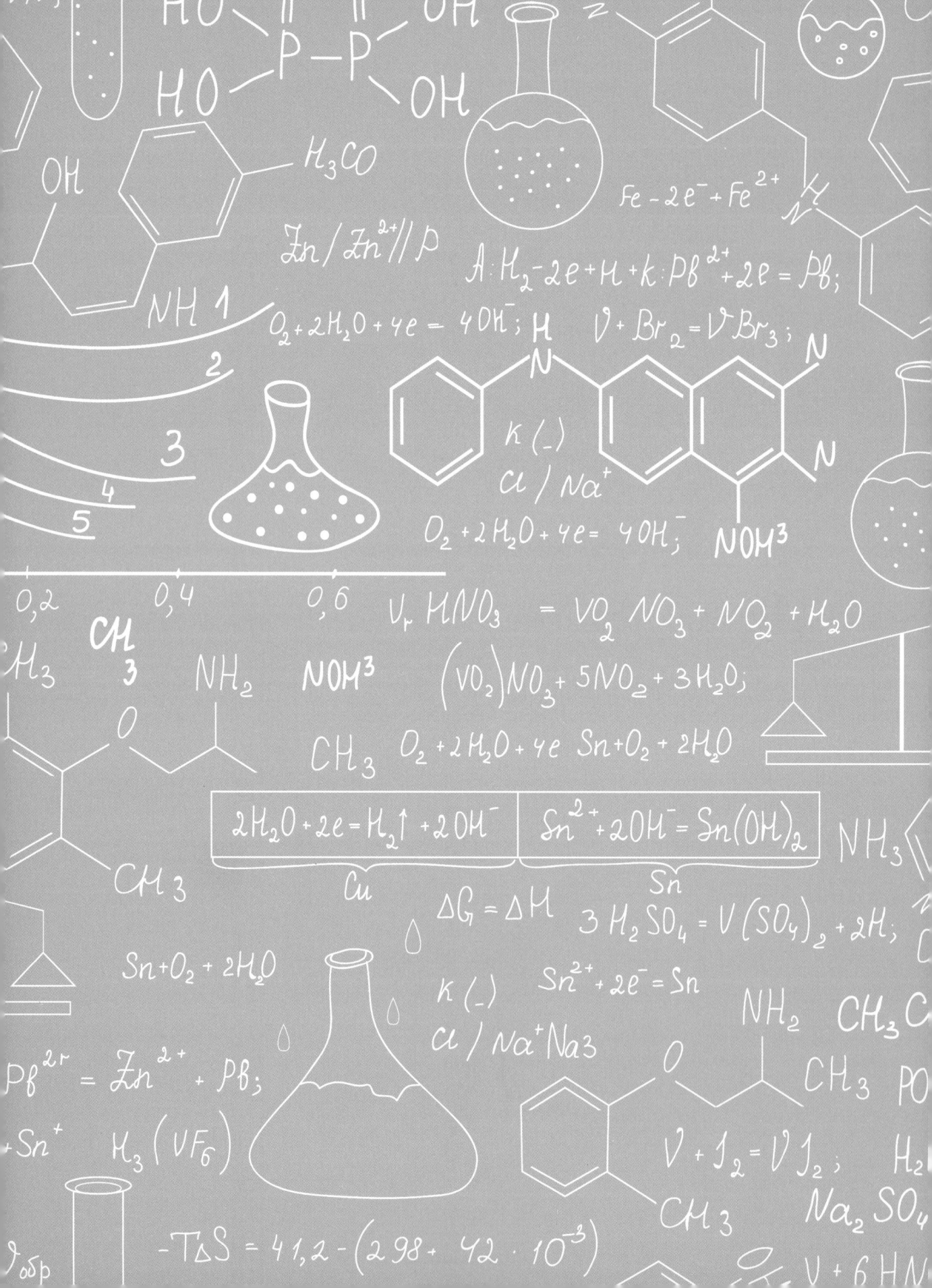